ANTIGUO EGIPTO

ANTIGUO EGIPTO

Texto Justine Willis
Asesoramiento experto profesora Joann Fletcher
Ilustraciones Paula Doherty, Priyal Mote y Alexandra Wong

Edición sénior Georgina Palffy
Edición del proyecto de arte Kit Lane
Diseño Sheila Collins, Sunita Gahir, Jim Green
Ilustración Paula Doherty (Advocate Art), Priyal Mote, Alexandra Wong (Inkling Illustration)
Textos adicionales Ian Fitzgerald
Edición ejecutiva Francesca Baines
Edición ejecutiva de arte Philip Letsu
Edición de producción Dragana Puvacic, Gillian Reid
Control de producción Joss Moore
Documentación iconográfica Rituraj Singh
Dirección iconográfica Sumedha Chopra
Diseño de cubierta Akiko Kato
Diseño de cubierta sénior Rashika Kachroo
Edición ejecutiva de arte (cubiertas) Romi Chakraborty
Dirección editorial Andrew Macintyre
Dirección de arte Mabel Chan

De la edición en español:
Servicios editoriales Tinta Simpàtica
Traducción Ismael Belda Sanchis
Coordinación de proyecto Helena Peña
Dirección editorial Elsa Vicente

Publicado originalmente en Gran Bretaña en 2025
por Dorling Kindersley Limited
DK, 20 Vauxhall Bridge Road, Londres, SW1V 2SA
Parte de Penguin Random House

002-341864-Nov/2025

Título original: *Ancient Egypt*
Primera edición: 2025

ISBN: 979-8-2171-3011-5

Impreso y encuadernado en China

www.dkespañol.com

MIXTO
Papel | Apoyando la silvicultura responsable
FSC™ C018179
www.fsc.org

Este libro se ha impreso con papel certificado por el Forest Stewardship Council™ como parte del compromiso de DK por un futuro sostenible.
Más información: **www.dk.com/uk/information/sustainability**

CONTENIDOS

ASÍ ERA EGIPTO

DIOSES Y DIOSAS

FARAONES

VIDA COTIDIANA

EL MÁS ALLÁ

AMIGOS Y ENEMIGOS

EXCAVAR EGIPTO

ASÍ ERA EGIPTO

KEMET Y EL RÍO DE LA VIDA

La civilización del antiguo Egipto se desarrolló en la estrecha franja fértil a lo largo de las riberas del río Nilo. El río era fuente de vida y, además, era una ruta de transporte a través del desierto que había a ambos lados.

TIERRA ROJA

Más allá de la tierra negra estaba Deshret, el desierto de «tierra roja». Era una región ardiente y seca que disuadía a los invasores y de la que se extraía la piedra caliza, la arenisca, el granito y el basalto con que los antiguos egipcios construían tumbas, templos y pirámides. Este gran obelisco inacabado de granito quedó abandonado en una cantera de Asuán.

LA TIERRA NEGRA

Los antiguos egipcios llamaban a su país Kemet, «la tierra negra». El nombre proviene de la tierra oscura de la cuenca aluvial del Nilo. Cada año el río se desbordaba, depositando en la ribera fango rico y fértil. Esto convertía el desierto en verdes tierras de labranza, en las que crecían las cosechas que alimentaban a los egipcios.

RÍO DE VIDA

El agua del Nilo hacía posible la vida y era la principal vía para que viajasen mercancías y personas. También tenía una importancia simbólica. Esta maqueta de una barca procede de la tumba de un funcionario llamado Meketra, que aparece en una peregrinación por el río hasta Abidos, el mítico lugar de enterramiento de Osiris, dios de la vida nueva.

La estatua de Meketra está sentada bajo el toldo.

Seis remeros impulsan la barca.

Esta maqueta tallada en madera y pintada de verde recuerda las embarcaciones de tallos de papiro que navegaban por el Nilo.

Mar Mediterráneo
Rosetta
Thonis-Heracleion
Alejandría
Delta del Nilo
Sais
Tanis
Avaris
Bubastis
Heliópolis
Pirámides de Guiza 1
Menfis
Saqqara
Dashur
El Fayum
Meidum
Lahun
Heracleópolis
Sinaí
Sarabit al-Khadim
Uadi Maghara
Mar Rojo
BAJO EGIPTO
Beni Hassan
Hermópolis
Amarna
El-Mostagedda
Desierto arábigo
Desierto occidental
Nilo
Abidos
Dendera
Naqada
Valles de los Reyes y las Reinas 3
Tebas
2 Templo deLuxor
Hieracómpolis
Edfu
Qurta
ALTO EGIPTO
Kom Ombo
Elefantina
Asuán
Primera Catarata
Philae
ESCALA
0 75 150 km
Nilo
Nabta Playa
Templos de Abu Simbel 4
Fortaleza de Buhen
KUSH

EL REINO DEL NILO

La civilización egipcia surgió en las fértiles tierras de las orillas del Nilo (en verde en el mapa). Las ciudades y los templos de Egipto estaban en esa franja, y las tumbas se hallaban en el desierto. La primera capital, Menfis, estaba en el norte, y, más al sur, Tebas se convirtió en una ciudad importante.

1 **Las pirámides de Guiza**
Estas enormes tumbas de piedra se construyeron hace más de 4500 años en Menfis, primera capital del antiguo Egipto.

2 **Templo de Luxor**
Centenares de templos se levantaban a las orillas del Nilo. La construcción del Templo de Luxor comenzó en torno al 1400 a. C. en Tebas, junto al Nilo.

3 **Los valles de los Reyes y de las Reinas**
Estos valles, en el margen oeste del Nilo, fueron el lugar de enterramiento de la mayoría de los soberanos de Egipto entre 1539 y 1075 a. C.

4 **Los templos de Abu Simbel**
Los templos de Abu Simbel, excavados en acantilados rocosos al sur de Asuán, fueron construidos por Ramsés II entre el 1264 y el 1244 a. C. en muestra de poder.

CRONOLOGÍA DE EGIPTO

Aunque existen evidencias arqueológicas de la civilización egipcia con casi 20 000 años de antigüedad, su historia escrita comenzó en el año 3000 a. C. y duró más de 3000 años.

Pirámides de Guiza
A medida que los reyes desean asegurarse un lugar en el más allá, las pirámides se hacen más grandes. Las mayores son las de Kefrén y Keops (al fondo a la derecha), que están en Guiza, cerca de Menfis, la antigua capital.

2589-2504 A. C.

Imperio Medio
Tras un largo período de hambrunas y monarcas débiles, Mentuhotep II (a la derecha) reunifica Egipto. Es el inicio del Imperio Medio, una época de paz y estabilidad y de conquistas en Oriente y en Nubia. Seconstruyen grandes fortalezas, y el arte y la literatura prosperan.

1985-1650 A. C.

Dominio de los hicsos
El Imperio Medio termina cuando unos colonos de Oriente llamados hicsos (que significa «monarcas extranjeros») toman el control del norte de Egipto. Introducen el caballo, el carro y nuevas armas.

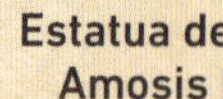

Carro de la tumba de los nobles Yuga y Tuya, del Imperio Nuevo

1650-1550 A. C.

Imperio Nuevo
Amosis I es el primer gobernante del Imperio Nuevo. Derrota a los hicsos y restaura el poder de los egipcios. Durante el Imperio Nuevo se construyen grandes templos, estatuas y palacios.

Estatua de Amosis I

1550-1069 A. C.

Época tardía
Sucesivas conquistas de potencias extranjeras transforman Egipto. Primero llegan los libios; luego los cushitas, de Nubia (747-656 a. C.). Los reemplazan los saítas, una dinastía de faraones egipcios, que son derrocados en el 525 a. C. por los persas, que, a su vez, son sustituidos por los griegos.

1069-332 A. C.

Dominio griego
Alejandro Magno, rey de Macedonia (norte de Grecia), invade Egipto y expulsa a los persas. Uno de sus generales, Ptolomeo, funda una dinastía que dura 300 años. Se construye la ciudad de Alejandría.

Moneda de Ptolomeo I

332-30 A. C.

Conquista romana
La última monarca, la faraona Cleopatra VII, es derrotada en la batalla de Accio en el 31 a. C. Al año siguiente, Egipto se convierte en una provincia romana.

El emperador romano Trajano representado como faraón egipcio bailando con los dioses

30 A. C.

Arte rupestre
En el valle del Nilo viven cazadores recolectores nómadas. Los grabados rupestres de Qurta, en el sur, muestran aves, gacelas y uros, un antepasado del ganado bovino.

c. 17 000-15 000 A. C.

Asentamientos neolíticos
Los seres humanos habitaban campamentos estacionales, como el de Nabta Playa, en que hay un círculo de piedras —un calendario astrológico— que data de *c.* 4500 a.C.

c. 7500 A. C.

Comienzos de la escritura
Aparecen los jeroglíficos, que al principio sirven solo para llevar registros. Esta etiqueta de hueso con inscripciones data de *c.* 3300 a.C. Se encontró en una tumba real en Abidos y estaba atada a un recipiente para indicar su contenido.

c. 3300 A. C.

Unificación de Egipto
En el llamado Período Predinástico, las tierras a lo largo del Nilo estaban formadas por dos reinos, el Alto y el Bajo Egipto. El faraón Narmer las unió y fue el primero en gobernar ambas. Después de él, los reyes llevaban una corona doble que representaba los dos reinos.

c. 3100 A. C.

Imperio Antiguo
Durante el primer gran período de la historia egipcia, los reyes asumen un mayor poder central. Muchas creencias religiosas y formas artísticas se asientan en esta época, famosa por su monumental arquitectura de piedra.

2686-2181 A. C.

Pirámide del rey Zoser
La primera pirámide se construye en Saqqara como tumba para el rey Zoser. La diseña Imhotep, el primer arquitecto de la historia cuyo nombre conocemos, y sus lados son escalonados en lugar de rectos.

2667-2648 A. C.

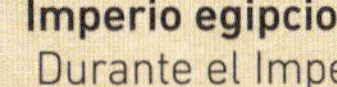

Esfinge de Tutmosis III

Imperio egipcio
Durante el Imperio Nuevo, los batalladores faraones expandieron el territorio egipcio y defendieron el país de los ataques. Bajo el reinado de Tutmosis III (1479-1425 a.C.), el imperio alcanzó su máxima extensión, hacia el norte hasta Oriente Próximo y hacia el sur hasta Nubia.

1550-1153 A. C.

Valles de los Reyes y las Reinas
Casi todos los gobernantes del Imperio Nuevo están enterrados en complejos funerarios cerca de Tebas (hoy Luxor). Las tumbas están excavadas en la roca y pintadas.

Tumba de Seti I

1539-1075 A. C.

Akenatón y Nefertiti
Este faraón y su esposa, que gobiernan juntos, rompen con la tradición religiosa y desarrollan un nuevo estilo artístico más naturalista. Tras la muerte de ambos, se restablece el antiguo orden.

1352-1336 A. C.

Tutankamón
El famoso «faraón niño» reina menos de diez años y muere a los dieciocho o diecinueve. Su tumba en el Valle de los Reyes, llena de tesoros, se descubre en 1922, lo que inspira más de un siglo de «Tutmanía».

Estatua de madera chapada en oro de Tutankamón con un arpón

1336-1327 A. C.

EL TEMPLO DE HATSHEPSUT

El templo funerario de la faraona Hatshepsut era un enorme monumento a su poder real. Se encontraba al pie de unos acantilados cerca de Tebas (hoy Luxor), estaba dispuesto en tres terrazas, y tenía jardines con árboles y arbustos exóticos importados del extranjero.

DIOSES Y DIOSAS

CONTROL DIVINO

Los antiguos egipcios creían que los dioses y las diosas controlaban todos los aspectos del universo. La mayoría de las deidades representaban fuerzas naturales que debían estar en equilibrio para mantener el orden divino.

Alas protectoras
Maat aparece representada con los brazos extendidos y alas de buitre. Ella protegía y cuidaba del universo y mantenía el orden en su seno.

DIOSA DE LA ARMONÍA

Maat era la diosa de la armonía, el orden y la verdad. Mantenía el equilibrio del universo y encarnaba el concepto de «maat», el orden divino. Aquí aparece representada con la pluma de la verdad en la cabeza.

El árido desierto
Los antiguos egipcios veían dos aspectos en todo: orden y caos, masculino y femenino, noche y día. El árido desierto era una de las caras de la vida junto al Nilo.

DIOSES Y DIOSAS

En las escrituras antiguas y en estatuas y pinturas, se nombran y representan más de 1400 dioses y diosas egipcios. Aquí se muestran solo algunos de los más importantes. Se hacían ofrendas y se llevaban a cabo rituales para mantenerlos contentos.

FORMAS CAMBIANTES

Los dioses podían adoptar apariencia humana y animal, cambiar de forma e incluso fusionarse. Hathor-Sejmet eran dos diosas en una: Hathor (izquierda), diosa del amor, y Sejmet, con una cabeza de león (derecha), diosa de la guerra.

COMPORTAMIENTO ANIMAL

Se creía que un dios con la forma de un animal encarnaba el comportamiento de ese animal. Así, Sobek, señor de los cocodrilos, gobernaba el río Nilo con su feroz poder. Los faraones adoptaron a Sobek como símbolo de su poder real.

El agua de las crecidas
La otra cara de la vida junto al Nilo eran las aguas de sus crecidas, que hacían que el suelo fuera fértil para que crecieran plantas como las flores de loto.

DIOSES...

OSIRIS
DIOS DEL INFRAMUNDO

Dominio: vida nueva y vida de ultratumba

Superpoderes: juzgar a los muertos

¿Lo sabías? Lo mató su hermano, Set, y lo trajo de vuelta a la vida su mujer, Isis.

ISIS
DIOSA DE LA MAGIA Y DE LA MATERNIDAD

Dominio: protección, amor y la luna

Superpoderes: curación

¿Lo sabías? Se pensaba que las crecidas del Nilo eran causadas por las lágrimas de Isis tras la muerte de su esposo Osiris.

HORUS
DIOS DE LA REALEZA

Dominio: el cielo, la caza y la curación

Superpoderes: protector del pueblo de Egipto

¿Lo sabías? Se creía que cada monarca de Egipto era la forma terrenal del dios Horus.

Esta galería de dioses y diosas describe solo algunas de las deidades principales. Muchas de ellas tenían el poder de la creación y protegían a las personas en la vida y en la muerte.

RA

DIOS DEL SOL

Dominio: creación (es el primer dios creador)

Superpoderes: control sobre la vida y la muerte, el cielo y el clima

¿Lo sabías? Ra fue el dios más poderoso durante la mayor parte de la historia del antiguo Egipto.

HATHOR

DIOSA DEL AMOR

Dominio: la belleza, la música, el baile, la fertilidad y la alegría

Superpoderes: protectora de los muertos

¿Lo sabías? El tocado con cuernos de vaca de Hathor solían usarlo las reinas del antiguo Egipto.

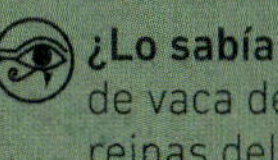

ANUBIS

DIOS DE LOS CEMENTERIOS

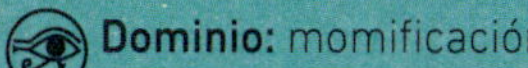

Dominio: momificación

Superpoderes: guiar las almas de los muertos desde el mundo terrenal hasta el inframundo

¿Lo sabías? Se decía que Anubis había ayudado a Isis a momificar a Osiris después de que Set lo matara.

... Y MÁS DIOSES

NEIT

DIOSA DE LA CREACIÓN

Dominio: diosa creadora, conocida como «la tejedora», inventora del nacimiento y también diosa de la guerra

Superpoderes: crear el universo y destruirlo

¿Lo sabías? Neit tejió el mundo en su telar.

JNUM

DIOS DE LA CORRIENTE DEL NILO

Dominio: dios creador conocido como «el alfarero», también dios de la fertilidad

Superpoderes: creación y buenas cosechas

¿Lo sabías? Jnum moldeó a los seres humanos con barro del Nilo en su torno de alfarero.

PTAH

DIOS DE LOS ARTESANOS Y DE LA CREACIÓN

Dominio: Dios creador, que pronunciaba el nombre de las cosas y escuchaba las plegarias

Superpoderes: creación y curación

¿Lo sabías? Ptah creó el mundo al pronunciar el nombre de cada cosa.

SEJMET
DIOSA DE LA GUERRA

Dominio: plagas y curación

Superpoderes: protección contra la enfermedad y contra el mal

¿Lo sabías? Sejmet era un gran guerrero. Era el guardaespaldas de Ra, el dios sol, y luchó para defenderlo.

THOT
DIOS DEL CONOCIMIENTO

Dominio: sabiduría y escritura

Superpoderes: curación y magia

¿Lo sabías? Se creía que Thot había inventado los jeroglíficos. A veces se le representa como un babuino.

TUERIS
DIOSA DE LOS PARTOS

Dominio: fertilidad y protección de las mujeres

Superpoderes: proteger a las mujeres y a los niños

¿Lo sabías? Tueris era una de las diosas más populares en el hogar.

HISTORIA DE LA CREACIÓN

En el antiguo Egipto surgieron muchas historias para explicar cómo se creó el universo. La más importante apareció en la ciudad de Heliópolis, hogar espiritual del gran dios del sol, Ra. El dios creador Atum era una forma de Ra.

EL MITO DE HELIÓPOLIS

Nacimiento del sol
Antes de la creación, todo era oscuridad, un vacío acuoso. Entonces apareció un montículo y de él brotó una flor de loto, que se abrió. Dentro estaba el sol, que apareció en forma del dios Atum.

La creación del cosmos
Atum estornudó y surgió Shu (aire). Escupió y surgió Tefnut (lluvia y rocío). Shu y Tefnut tuvieron hijos: Geb (Tierra) y Nut (cielo).

Hijos de la tierra y del cielo
Geb y Nut tuvieron dos hijos, Osiris y Set, y dos hijas, Isis y Neftis. Osiris fue coronado como faraón, por lo que Set sintió envidia.

La trampa de Set
Un día, Set engañó a Osiris para que se metiera en un ataúd y lo atrapó dentro. Luego lo mató, esparció partes de su cuerpo por todo el mundo y ocupó su puesto como faraón.

Renacer mágico
Pero Isis, esposa y hermana de Osiris, recogió y unió las partes del cuerpo de este, y formó una momia. Con su magia, le devolvió la vida y los dos tuvieron un hijo: Horus.

Horus contra Set
La lucha entre Set y Horus fue encarnizada. Finalmente, con la ayuda de Isis, Horus mató a Set, disfrazado de hipopótamo, y se coronó como legítimo heredero al trono.

FAMILIA DE DIOSES

Este árbol genealógico muestra cómo se relacionaban entre sí los nueve dioses del mito de la creación de Heliópolis. En el antiguo Egipto, los hermanos y hermanas reales solían casarse entre sí para que el poder permaneciera dentro de la familia.

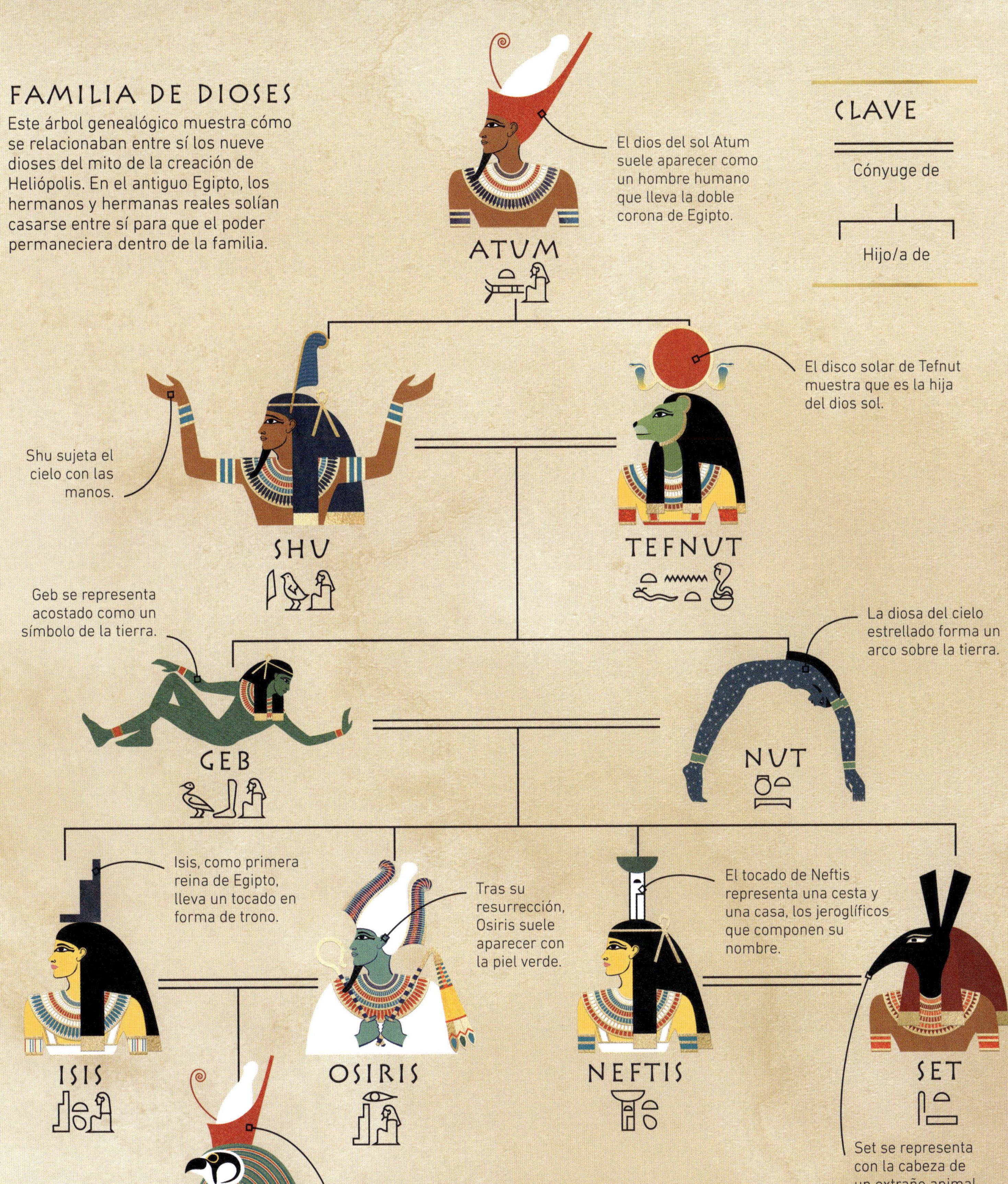

PROCESIÓN DE LOS DIOSES

El techo del templo de Hathor, en Dendera, muestra una procesión de dioses, entre ellos la Ogdóada (izquierda), ocho deidades que encarnan elementos de la oscuridad acuosa anterior a la creación. Los cuatro hombres tienen cabeza de rana y las cuatro mujeres, de serpiente.

EL VIAJE DEL SOL

El recorrido diario del Sol por el cielo, desde el amanecer hasta el atardecer, simbolizaba el ciclo incesante de la vida. El dios sol, Ra, adoptaba diferentes formas en distintos momentos del día y de la noche.

AMANECER

El sol naciente estaba representado por Jepri, un escarabajo. Los escarabajos peloteros empujaban bolas de estiércol por el suelo, lo cual a los antiguos egipcios les recordaba al movimiento del sol por el cielo.

EL OJO DE RA

Se decía que la feroz diosa Sejmet, con cabeza de león, era hija de Ra y que fue creada a partir del fuego del ojo de este. Representaba el poder del sol para destruir la vida. Se decía que los abrasadores vientos del desierto eran su aliento.

MEDIODÍA

El sol ascendía a lo alto del cielo como un ave. Ra era ahora un halcón, Ra-Horajty —que significa «Ra-Horus del Horizonte»—, y llevaba un disco solar llamado Atón.

NOCHE

Cuando el sol desaparecía, Ra entraba en el oscuro inframundo. En el punto más tenebroso, Ra se une a Osiris y se le representa con cabeza de carnero.

BATALLA NOCTURNA

Cada noche, mientras navegaba por el inframundo, Ra tenía que luchar contra Apofis, una terrible serpiente empeñada en destruir el sol, el dador de vida. Ra, ayudado por dioses como Horus, siempre triunfaba, y, al amanecer, renacía como Jepri.

PUESTA DE SOL

Hacia el atardecer, a medida que se debilitaba la luz del sol, Ra se convertía en Atum, un anciano. La oscuridad caía cuando Nut, la diosa del cielo, se tragaba el disco solar.

BARCA SOLAR

Según el mito egipcio, Ra viaja por el cielo y el inframundo en una barca. En esta pintura, el dios Nun, que representa las aguas del caos antes de la creación, empuja hacia el cielo a Jepri, el sol naciente (representado aquí como un escarabajo), en su barca solar.

PILONO Y PATIO

Se cree que la entrada monumental del templo, llamada pilono, representaba el amanecer entre dos colinas. Se abría a un patio con columnas, la única parte del templo abierta a los no sacerdotes, por ejemplo durante los festivales.

SALA HIPÓSTILA

Más allá del patio había una serie de salas (centro de la ilustración) que se hacían más pequeñas a medida que se acercaban al santuario del dios. Las más grandiosas eran las salas hipóstilas, con columnas en forma de papiros, lotos o diosas como Hathor. Solo la familia real, los sacerdotes y las sacerdotisas podían entrar en ellas.

En el frente del pilono se colocaban mástiles de madera de cedro importada.

Obelisco
A ambos lados de la entrada solía haber obeliscos de punta dorada para honrar el poder vivificante del sol.

Patio con columnas

Pilono
El pilono estaba decorado con relieves pintados del faraón o la faraona hiriendo a sus enemigos para así mantener el caos alejado del templo.

Esfinge
A veces había filas de esfinges bordeando la avenida que llevaba al templo, como si fueran guardianes.

LAS CASAS DE LOS DIOSES

Los templos eran para los dioses y diosas un lugar donde vivir y recibir culto. Estaban diseñados y decorados para honrar la creación del universo tal como la entendían los antiguos egipcios y podían estar dedicados a una o más deidades.

Sala hipóstila
Las columnas presentaban elaboradas tallas y estaban pintadas de colores vivos.

Barca sagrada
En la parte exterior del santuario había una barca usada para transportar la estatua del dios.

Santuario interior
El santuario principal, en el interior, tenía un altar dorado con la estatua del dios.

ESPÍRITU DIVINO

El santuario era el corazón sagrado del templo: una habitación oscura que simbolizaba el momento de la creación. Se creía que el espíritu del dios vivía allí, dentro de su estatua, que era el centro de adoración del templo.

Estatua ritual del dios Ptah

COMPLEJO DE TEMPLOS

Los templos desempeñaban un papel importante en la vida cotidiana. El edificio principal estaba junto a un lago sagrado y rodeado de cocinas, almacenes, escuelas para escribas y bibliotecas.

Los sacerdotes y sacerdotisas se bañaban en el lago sagrado para lavarse y purificarse.

SIRVIENTES DE LOS DIOSES

El rey tenía el deber de servir a los dioses y asegurarse de que se les rendía el culto adecuado. A cambio, los dioses bendecían su reinado y ayudaban a mantener el equilibrio del universo. Como el rey no podía atender a todos los dioses a la vez, nombraba sacerdotes para que los sirvieran.

Baño ritual
Para estar limpios y puros, las sacerdotisas y los sacerdotes se bañaban en el lago sagrado del templo cuatro veces al día. Se afeitaban el cuerpo y enjuagaban la boca en agua salada.

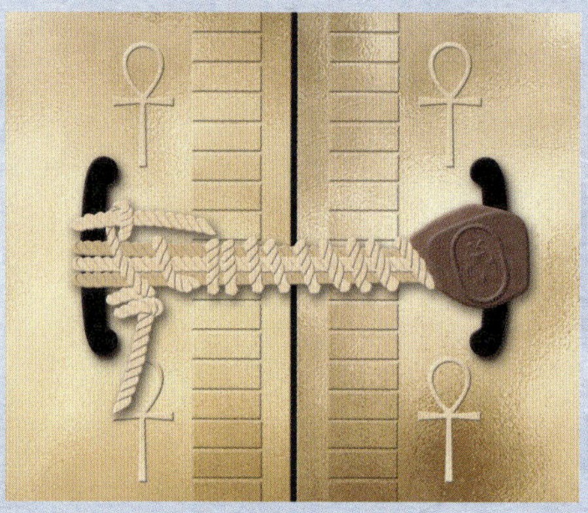

Romper el sello
Cada amanecer, después del baño, el sumo sacerdote visitaba el santuario, rompía el sello de arcilla del altar y despertaba al espíritu del dios, que vivía en su estatua.

Ungir al dios
Después de saludar al dios con himnos de alabanza, el sacerdote lavaba la estatua, ungía su frente con aceite perfumado y la vestía con lino limpio.

Alimentar al dios
Como cualquier persona, el dios necesitaba comer, por lo que el sacerdote le ofrecía manjares y vinos especialmente preparados en las cocinas del templo.

Purificar el santuario
Después de hacer las ofrendas, el sacerdote quemaba incienso para purificar el santuario y se retiraba de espaldas mientras barría sus huellas.

Recibir el salario sacerdotal
Tras dar tiempo al dios para comer, los sacerdotes recogían los alimentos intactos y se los comían, especialmente la mejor carne. El banquete era parte de su paga.

UN DÍA EN LA VIDA DE UN SACERDOTE

La familia real, los sacerdotes y las sacerdotisas eran las únicas personas a las que se permitía entrar en las zonas sagradas del templo. La jornada de un sacerdote consistía en una serie de actividades rituales en un cuidadoso orden predeterminado para mantener contentos a los dioses. Las imágenes de arriba muestran algunas de esas actividades.

ESPECIALISTAS

Cada templo estaba dirigido por un sumo sacerdote o suma sacerdotisa (a veces llamada «esposa del dios»), que supervisaba los rituales diarios. Otros sacerdotes ayudaban a administrar el templo, cada uno con responsabilidades específicas.

Sistro, un instrumento de metal parecido a un sonajero

Músicos del templo
Este papel sacerdotal implicaba cantar y tocar instrumentos como el sistro para calmar y complacer a los dioses durante ceremonias y festivales.

Sacerdote sem
Ciertos sacerdotes de alto rango llamados sacerdotes sem supervisaban la momificación, realizada por los embalsamadores, y dirigían las ceremonias funerarias. Llevaban una piel de leopardo sobre la ropa.

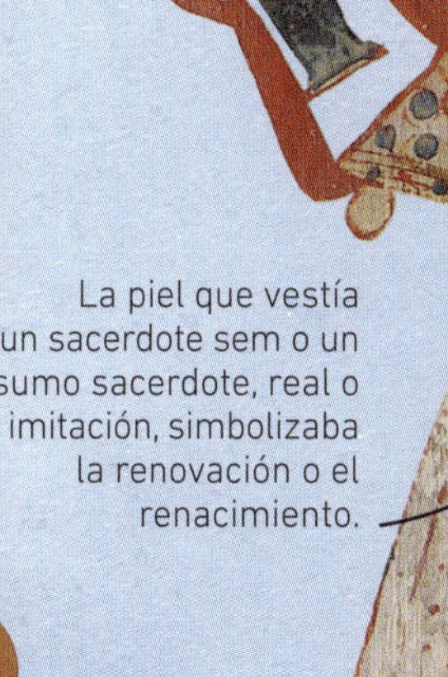

La piel que vestía un sacerdote sem o un sumo sacerdote, real o de imitación, simbolizaba la renovación o el renacimiento.

Sacerdote astrólogo
Los sacerdotes horarios observaban el sol y las estrellas, creaban calendarios, y calculaban cuándo debían celebrarse los rituales y las festividades. Con los relojes de agua llevaban la cuenta del tiempo de noche.

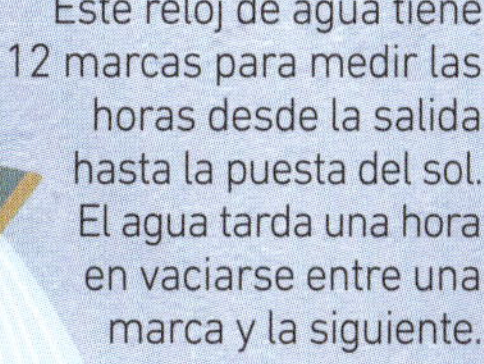

Este reloj de agua tiene 12 marcas para medir las horas desde la salida hasta la puesta del sol. El agua tarda una hora en vaciarse entre una marca y la siguiente.

Esta estatua del sacerdote lector principal Kaaper lo muestra sonriente y bien alimentado, lo que refleja su estatus acomodado.

Sacerdote lector
Ciertos sacerdotes, llamados sacerdotes lectores, escribían textos sagrados, leían oraciones durante las ceremonias y festivales del templo, y recitaban conjuros para curar enfermedades.

MAGIA Y MEDICINA

En el antiguo Egipto, se creía que las enfermedades eran causadas por fuerzas malignas y por influencia de los dioses. Los médicos eran por lo general sacerdotes, y los remedios que prescribían podían ser tanto prácticos como mágicos.

REMEDIOS NATURALES

Los antiguos egipcios conocían las propiedades curativas de muchas hierbas y productos animales. Estos son solo algunos de los ingredientes que utilizaban para tratar dolencias cotidianas.

Higos
Esta fruta se utilizaba para tratar dolores de estómago, problemas cardíacos y afecciones pulmonares.

Miel
La miel era conocida como antiséptico, pues era eficaz para ayudar a curar las heridas.

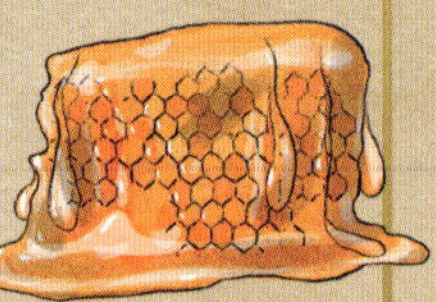

Carne
Se aplicaba carne cruda sobre las heridas para detener la hemorragia.

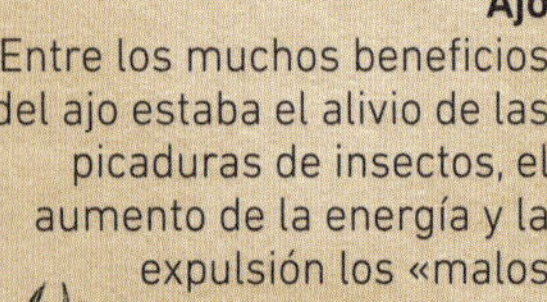

Ajo
Entre los muchos beneficios del ajo estaba el alivio de las picaduras de insectos, el aumento de la energía y la expulsión los «malos espíritus».

Corteza de sauce
Una infusión de corteza de sauce ayudaba a aliviar el dolor. Su ingrediente activo aún se usa hoy en la aspirina.

Kohl protector
El cobre (que se encuentra en la malaquita, una piedra de color verde) y el óxido de plomo eran minerales conocidos por sus propiedades antibacterianas. Se trituraban y se aplicaban en los ojos en forma de kohl para tratar las infecciones oculares.

Nacimiento mágico
Las mujeres daban a luz en casa, asistidas por parteras. Para garantizar la supervivencia de la madre y del bebé, las rodeaban de objetos que proporcionaban protección mágica, como «ladrillos de parto», en los que se pintaban dioses y espíritus que, según se creía, alejaban las fuerzas peligrosas.

Masaje relajante
Las antiguas representaciones artísticas y las escrituras muestran que se realizaban masajes en manos y pies para aliviar el dolor muscular. Un papiro médico aconseja que si a una mujer le duelen las piernas al caminar, debe recibir «un masaje de piernas y pantorrillas con barro».

TRATAMIENTO MÉDICO

Los papiros antiguos describen enfermedades, dolencias y lesiones, así como las operaciones, las medicinas y los conjuros mágicos con que los médicos las trataban. Las escenas en paredes de tumbas y templos, recreadas arriba, ilustran partos y pacientes que reciben tratamiento por infecciones oculares y dolores musculares.

DIOSAS SANADORAS

Los sacerdotes que trabajaban como médicos solían servir Serket y Sejmet, que controlaban las enfermedades. Se creía que los sacerdotes canalizaban los poderes curativos de estas diosas para tratar a los enfermos.

Serket
Serket tenía poder sobre escorpiones, serpientes y otras criaturas venenosas. Utilizaba sus poderes mágicos para proteger a las personas de mordeduras y picaduras, y era una de las principales protectoras de los faraones.

El tocado de Serket es un escorpión con la cola levantada, listo para atacar.

Sejmet
La feroz Sejmet, de cabeza de león, podía traer enfermedades, destrucción y muerte, pero también curar. Los amuletos con la forma de Sejmet se utilizaban para protegerse de las enfermedades.

QUITA POR MÍ EL VENENO DE LA PICADURA QUE ESTÁ EN LOS MIEMBROS DEL PACIENTE.

HECHIZO DE UNA ESTELA MÁGICA

El verde y el azul de este amuleto de ojo Udyat representaban la vida y la renovación.

ESTELAS MÁGICAS

Había estelas de piedra que representaban al dios niño Horus con serpientes y escorpiones en las manos y en que se grababan hechizos de protección contra picaduras venenosas. Sobre esas inscripciones se vertía agua, de modo que los poderes curativos del hechizo pasaban a esta, y quien sufriera una picadura podía beberla.

AMULETOS

Los egipcios llevaban pequeños amuletos para protegerse de las enfermedades mediante la magia. Por lo general, esos amuletos tenían forma de dioses protectores o de símbolos, como el Udyat, u ojo de Horus, que simbolizaba el renacimiento y del que se pensaba que tenía poderes curativos.

FESTIVAL SAGRADO

Los festivales sagrados ofrecían al pueblo una gran ocasión para acercarse a sus dioses. Una de las celebraciones más importantes era la Fiesta de Opet, que tenía lugar en la ciudad de Tebas durante la temporada de la crecida del Nilo.

LA FIESTA DE OPET

La crecida representaba la renovación, y se creía que, en esta fiesta, Amón renovaba la energía del faraón para gobernar. El momento culminante para el pueblo era una solemne procesión en la que los sacerdotes llevaban al dios en su barca desde el templo de Karnak hasta el templo de Luxor.

AMÓN

Amón era el principal dios de Tebas. En el Imperio Nuevo se convirtió en la deidad suprema de Egipto, a menudo fusionado con el dios sol como Amón-Ra. Dos altas plumas adornan su corona.

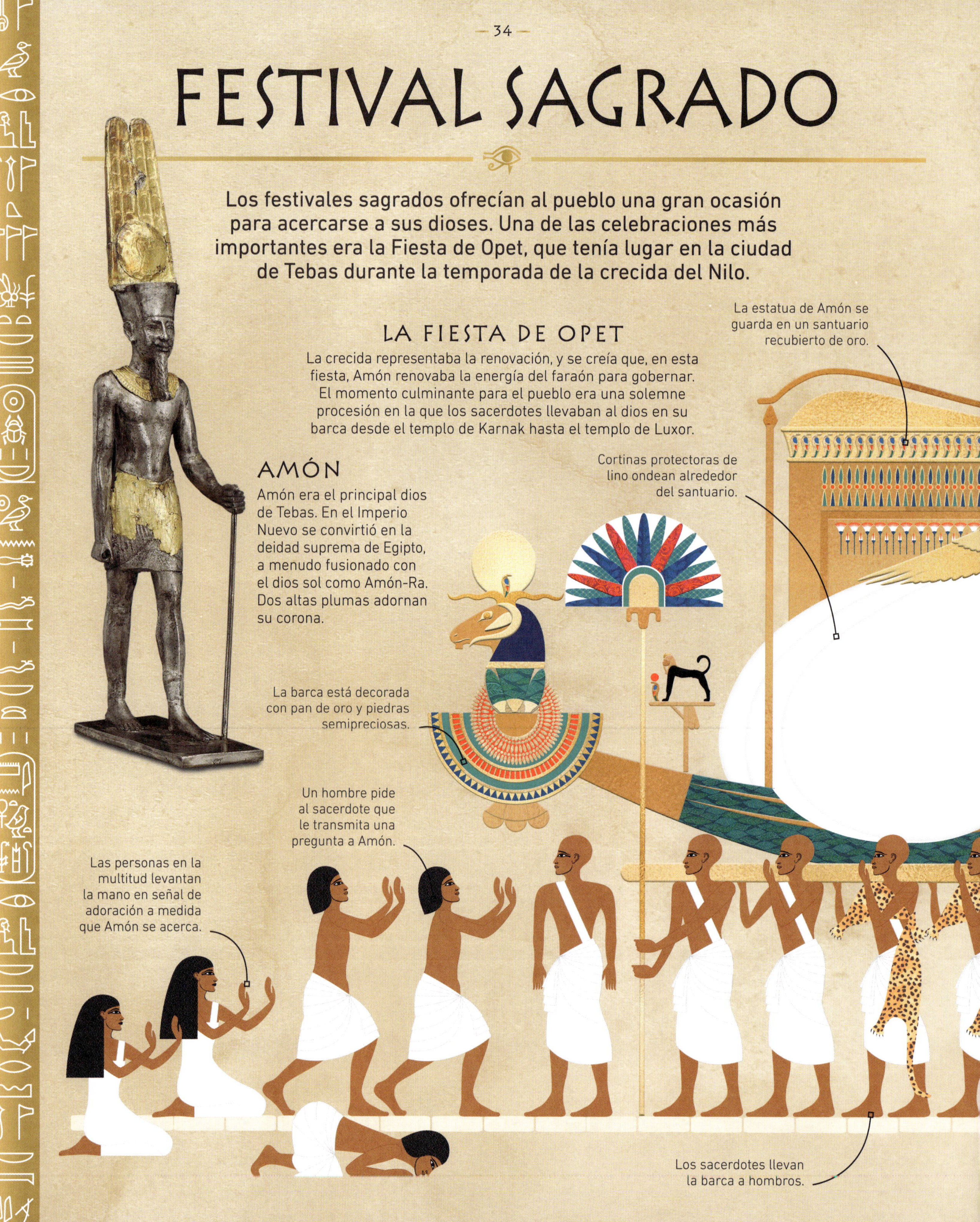

MÚSICA Y DANZA

En este relieve de la Capilla Roja del Templo de Karnak, construido por la faraona Hatshepsut, aparecen intérpretes de sistro, bailarines y acróbatas acompañando la procesión de la Fiesta de Opet. Las escenas de este festival en el Templo de Luxor incluyen letras de canciones de alabanza a Amón.

Esta sacerdotisa está agitando un sistro, que produce un sonido de traqueteo.

«SALVE, AMÓN, EN TU HERMOSA FIESTA DE OPET, OJALÁ TE COMPLAZCA».

SEGUNDA CANCIÓN DEL LUGAR DE LIBACIONES, TEMPLO DE LUXOR

Los portadores de abanicos garantizan que el dios esté fresco y cómodo.

El animal sagrado de Amón, el carnero, puede verse en ambos extremos de la barca.

Los bailarines realizan acrobacias al ritmo de la música.

Los músicos del templo entretienen a la multitud y a Amón.

Los funcionarios dan cerveza, pan y queso a la multitud.

FARAONES

Ureo
La cobra representa a Uadyet, diosa del Bajo Egipto.

Nejbet
Diosa del Alto Egipto con cabeza de buitre

Banda de oro
Una banda de oro sujetaba el nemes.

Nemes
El nemes era un tocado de lino que usaban los reyes. Se han encontrado telas de lino tanto blancas como azules. Se cree que estas franjas doradas representan pliegues.

Barba falsa
Los reyes llevaban una barba falsa.

Mayal
Vara con tres filas de cuentas en la parte superior

Cayado
El cayado es el jeroglífico que significa «gobernar».

CÓMO RECONOCER A UN REY

Los reyes llevaban ropas que los hacían reconocibles para cualquier otro egipcio. También portaban símbolos de poder, como el mayal y el cayado. A menudo llevaban una cola de toro atada a la parte posterior de la cintura.

Shenti
Esta falda era de lino blanco.

Cola de toro
Una cola de toro o de otro animal, por ejemplo de león, es un signo de fuerza.

Lleva una jepresh redondeada con diseños circulares.

Un faraón, posiblemente Seti I, sostiene una figura de Maat, la diosa del orden.

DEBERES DEL REY

Los reyes debían garantizar que se llevaban a cabo los rituales para los dioses. A cambio, los dioses ayudaban al rey a gobernar Egipto y a conservar el maat (orden), manteniendo a raya las fuerzas del caos.

Deshret
La corona roja la llevaban los gobernantes del Bajo Egipto (al norte).

¿QUÉ HACE A UN REY?

El término «faraón» apareció durante el Imperio Nuevo para designar a la faraona Hatshepsut y proviene del egipcio *per-aa*, que significa «la del palacio». Antes de eso, a los monarcas se los llamaba «reyes».

NOMBRES REALES

Cada rey tenía cinco nombres oficiales. Uno se le daba al nacer y los otros los recibía al ser coronado. Los nombres de nacimiento y de trono aparecían en cartuchos, símbolos de eternidad que rodeaban el nombre para protegerlo. Aquí se muestran los nombres de la primera monarca mujer, Neferusobek.

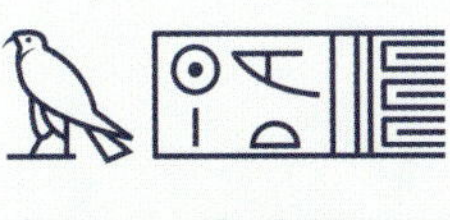

Nombre de Horus
Amado de Ra

Dos nombres de damas
Hija del poderoso, Señora de Dos Tierras

Nombre de Horus dorado
Establo de las Apariencias

Nombre del trono
Sobek es el ka (fuerza vital) de Ra

Nombre de nacimiento
Belleza (Neferu) de Sobek (el dios cocodrilo)

Horus rodea al faraón Horemheb con un brazo protector. Ambos llevan las insignias reales.

DIOS VIVIENTE

Se creía que cada rey era la encarnación viviente del dios Horus, hijo de Osiris e Isis. Al morir, el rey se fusionaba con Osiris, señor del inframundo, y el nuevo rey se convertía en el Horus viviente, protegido en la vida y en la muerte por Isis.

DISTINTAS CORONAS

La corona del rey era un símbolo poderoso y tenía diferentes formas, según la ocasión y la parte del país que gobernaba.

Hedjet
Esta corona blanca la llevaban los gobernantes del Alto Egipto (al sur).

Sejemty
Esta corona doble era propia del monarca del Egipto unificado (Alto y Bajo).

Jepresh
Los faraones usaban esta corona azul en batalla y en los rituales.

Paleta de Narmer
Puede que esta paleta ceremonial represente la unificación de Egipto. En un lado está Narmer con la corona blanca del Alto Egipto, y en el otro aparece con la corona roja del Bajo Egipto.

NARMER

Reinado: *c.* 3100 a. C.

Famoso por: unificar las tierras del Alto y Bajo Egipto, y convertirse en el primer rey de Egipto unificado

Dato curioso: *Narmer* significa «siluro que golpea», de *nar* (siluro) y *mer* (cincel).

Los restos arqueológicos sugieren que Narmer fue un poderoso rey guerrero del Alto Egipto que conquistó el Bajo Egipto para crear un solo reino: el Estado de Egipto.

LOS GRANDES FARAONES

A lo largo de sus 3000 años de historia, el antiguo Egipto estuvo regido por más de 180 reyes, y al menos siete eran mujeres. Los siguientes monarcas se encuentran entre los más famosos, tanto por sus hazañas como por los tesoros que dejaron.

ZOSER

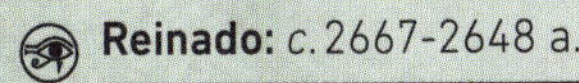

Reinado: *c.* 2667-2648 a.C.

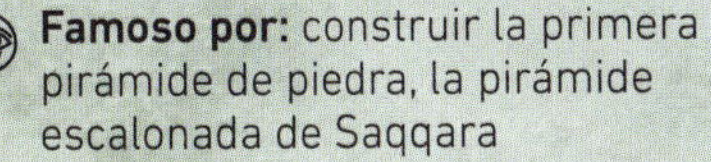

Famoso por: construir la primera pirámide de piedra, la pirámide escalonada de Saqqara

Dato curioso: una inscripción dice que puso fin a una hambruna de siete años al restaurar un antiguo templo.

Aunque Zoser es famoso sobre todo por su pionera pirámide, fue un rey influyente que expandió el territorio de Egipto hacia el norte, hasta el Sinaí, y hacia el sur, hasta Asuán.

KEFRÉN

Reinado: *c.* 2558-2532 a.C.

Famoso por: construir la segunda pirámide más grande de Guiza, así como la Gran Esfinge

Dato curioso: el complejo piramidal de Kefrén contenía más de 300 estatuas de él mismo.

La pirámide de Kefrén es tres metros más baja que la Gran Pirámide (de su padre, Keops), pero la de Kefrén parece más alta porque está construida sobre un terreno más elevado.

HATSHEPSUT

Reinado: *c.* 1473-1458 a.C.

Famoso por: una expedición a la misteriosa tierra de Punt y por su magnífico templo funerario

Dato curioso: fue la primera en ser denominada *per-aa* (faraón), que significa «la del palacio».

Hatshepsut gobernó primero como regente de su hijastro, Tutmosis III, y más tarde como cogobernante de este. Compartió el poder y el estatus con Tutmosis hasta su muerte.

TUTMOSIS III

Reinado: *c.* 1479-1425 a.C.

Famoso por: sus victoriosas guerras en Siria y Palestina, que reforzaron el poder y la riqueza de Egipto

Dato curioso: creó un jardín botánico con plantas exóticas recogidas en campañas militares en el extranjero.

El territorio de Egipto alcanzó su máxima extensión con Tutmosis III. En los escritos aparece como un hábil comandante militar que dirigió 17 campañas en 20 años.

AMENOFIS III

Reinado: *c.* 1390-1352 a.C.

Famoso por: construir el templo funerario más grande de Egipto, con dos estatuas gigantes de sí mismo

Dato curioso: se autodenominaba «dios sol viviente» y era el hombre más rico del mundo.

Amenofis III gobernó Egipto durante su etapa más rica y poderosa. Mantuvo la paz con los gobernantes vecinos mediante la diplomacia y es posible que les enviara oro a cambio de sus hijas para casarse con ellas.

Este fluido estilo de tallado es típico de la época de Akenatón.

AKENATÓN

Reinado: 1352-1336 a.C.

Famoso por: hacer que los egipcios adoraran a Atón (el sol), en lugar de a los dioses tradicionales

Dato curioso: al nacer recibió el nombre de Amenhotep IV, pero se lo cambió en honor del disco solar (Atón).

Creía que los poderosos sacerdotes amenazaban su autoridad, por lo que decretó que todos debían adorar a Atón, y que solo él y Nefertiti podían comunicarse con el dios.

NEFERTITI

Reinado: *c.* 1338-1336 a.C.

Famosa por: su estatus especial como reina y monarca junto a Akenatón, y por su belleza

Dato curioso: puede que la máscara dorada de Tutankamón fuese hecha originalmente para Nefertiti.

Nefertiti fue coronada oficialmente como monarca junto con Akenatón, y algunos egiptólogos creen que, tras la muerte de este, gobernó sola con el nombre de Semenejkara.

TUTANKAMÓN

Reinado: *c.* 1336-1327 a.C.

Famoso por: los ricos tesoros hallados en 1922 en su tumba, que se encontraba casi intacta

Dato curioso: al nacer, recibió el nombre de Tutankatón, pero se lo cambió en honor del dios Amón.

Tutankamón era hijo de Akenatón. Rechazó las ideas religiosas de su padre, devolvió su trabajo a los sacerdotes y permitió que la gente rindiese de nuevo culto a los antiguos dioses.

Ramsés II lleva la corona azul jepresh, que solía usarse en la batalla.

RAMSÉS II

Reinado: *c.* 1279-1213 a.C.

Famoso por: luchar contra los hititas y por los templos monumentales que construyó en Abu Simbel

Dato curioso: su reinado de 68 años fue el segundo más largo del antiguo Egipto.

Ramsés II construyó o usurpó templos por todo Egipto, decorándolos con estatuas colosales y relieves que glorificaban su gobierno y sus campañas militares.

CLEOPATRA VII

Reinado: 51-30 a.C.

Famosa por: ser el último faraón de Egipto

Dato curioso: puede que se suicidase con una horquilla con veneno de serpiente.

Cleopatra VII llevaba una diadema como símbolo de su poder real.

Cleopatra VII fue el último faraón nacido en Egipto. Los documentos sugieren que era una líder hábil y despiadada que trató de asegurar la independencia de Egipto uniendo fuerzas con los romanos Julio César y Marco Antonio.

ESFINGE DE KEFRÉN

Se cree que la Gran Esfinge de Guiza es un retrato del rey Kefrén. Dos leones protegían el sol y se aseguraban de que saliera cada mañana. La esfinge de Kefrén, que miraba al amanecer frente a la pirámide del faraón, garantizaba que su alma renacería como el sol.

Un disco que
representa al dios
sol Atón brilla sobre
la familia real.

Tres princesas
les ayudan
a repartir los
collares.

Los rayos dan a
los reyes varios
anj, símbolos
de la vida.

Nefertiti lanza regalos a los
aspirantes a funcionarios
que se encuentran abajo.

Los funcionarios favoritos
esperan recibir collares de oro
mientras elogian al rey y la reina.

MONARCAS REBELDES

El faraón rebelde Akenatón y su esposa Nefertiti rompieron con la tradición religiosa y trasladaron la capital a una nueva ciudad, la actual Amarna, construida con un nuevo estilo artístico. Tenía templos de culto al sol y lujosos palacios.

Cartucho con el nombre y los títulos de Atón

Cartucho con el nombre y los títulos de Amenhotep IV

COPA DEL LOTO

Amenhotep IV se cambió el nombre a Akenatón para honrar el disco solar de Atón. Esta copa de alabastro en forma de loto se fabricó antes del cambio.

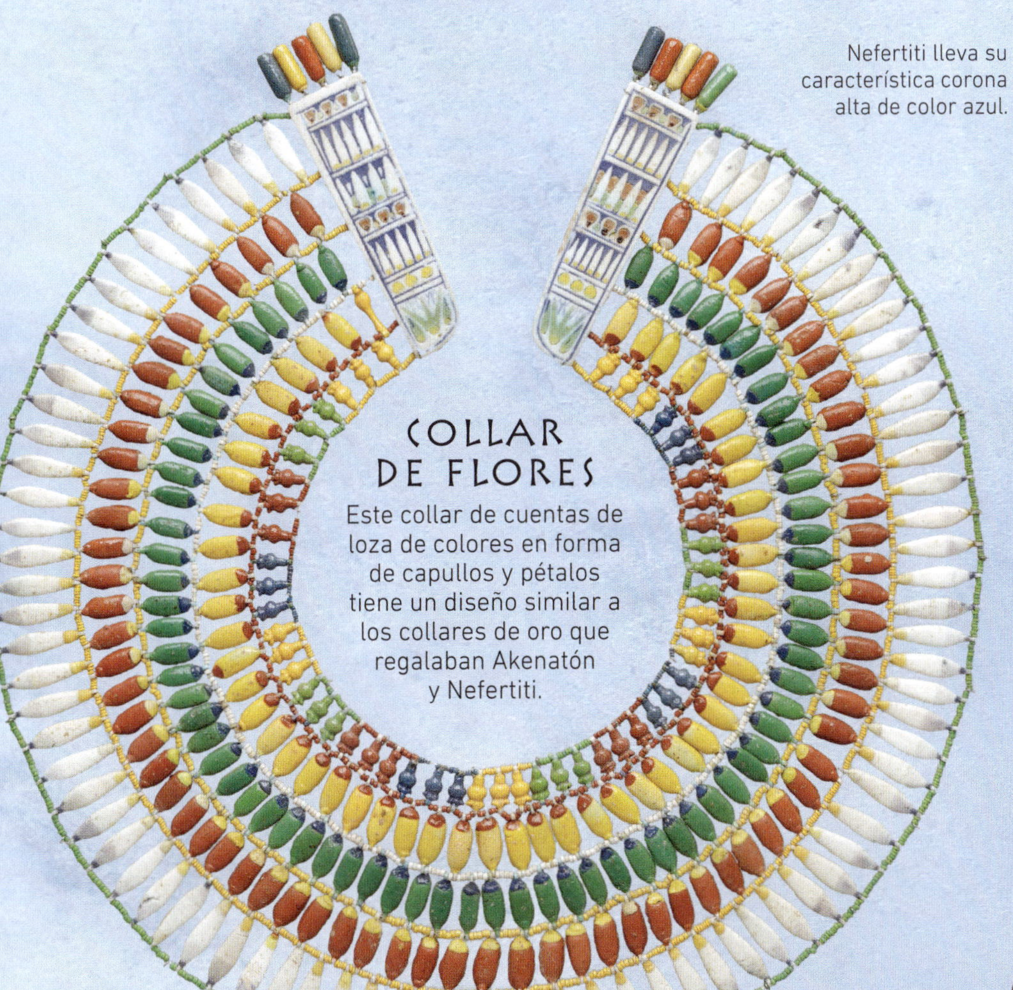

COLLAR DE FLORES

Este collar de cuentas de loza de colores en forma de capullos y pétalos tiene un diseño similar a los collares de oro que regalaban Akenatón y Nefertiti.

Nefertiti lleva su característica corona alta de color azul.

LA PAREJA REAL

En el arte, se empezó a representar a Akenatón y a su reina, Nefertiti, en lugar de a los antiguos dioses. Solían aparecer como monarcas con el mismo estatus.

◀ UN ESPECTÁCULO REAL

En el nuevo orden religioso, el rey y la reina ocupaban el centro de las miradas. Organizaban demostraciones de generosidad en las que se asomaban a un balcón del palacio y tiraban collares de oro a los funcionarios que los habían complacido.

DECORACIÓN

Las paredes, techos y suelos de los palacios de Amarna estaban ricamente decorados con pinturas naturalistas como esta, que representa un ternero en una marisma cubierta de exuberantes papiros.

TOCADO DE BUITRE

La gran esposa real de un rey, su esposa principal, solía llevar un tocado con forma de buitre que representaba a la diosa Nejbet. Como su hermana cobra, Uadyet, Nejbet podía matar mágicamente a los enemigos.

AHMOSE-NEFERTARI

Ahmose-Nefertari era la hermana y esposa de Ahmose I —el cual expulsó a los hicsos de Egipto junto con su madre, Ahhotep I— y fue regente de su hijo Amenhotep I. Como tal, se la vinculaba con una vida y una esperanza nuevas. Tras su muerte, el pueblo la adoró como a una diosa. A veces se la muestra con la piel azul para indicar que se había fusionado con los dioses.

MUJERES REALES

Las madres, esposas y hermanas de los reyes eran muy respetadas. Muchas tenían títulos como Madre del Rey, Esposa del Rey o Esposa del Dios Amón, lo que les daba influencia política y religiosa.

HETEPHERES I

Hetepheres I era la madre del rey Keops, constructor de la Gran Pirámide de Guiza. Su hijo la enterró al este de su pirámide, creyendo que cuando el sol naciente despertara su alma, él podría nacer de nuevo de su vientre en el más allá.

Los jeroglíficos dorados incrustados en ébano en el respaldo de la silla le otorgan el título real de Madre del Rey.

Réplica de la silla de transporte de Hetepheres I

AHHOTEP I

Ahhotep I gobernó en nombre de su joven hijo Amosis I después de que el norte de Egipto fuera conquistado por los hicsos. Desempeñó un papel activo en la expulsión de estos y recibió honores por la campaña.

Ahhotep I recibió estas tres Moscas Doradas, equivalentes a las actuales medallas militares.

TIYE

Tiye era la gran esposa real de Amenhotep III y a menudo aparece junto a él en estatuas y relieves. Los potentados extranjeros reconocían su influencia y le escribían directamente.

NEFERTARI

La primera gran esposa real de Ramsés II era famosa tanto por su intelecto como por su belleza. Ramsés la llamaba «aquella para quien brilla el sol».

AMENARDIS I

Amenardis I, sacerdotisa «Esposa del dios Amón», tenía los poderes de un faraón y gobernaba en el sur de Egipto, mientras que su hermano, el rey Piye, gobernaba en el norte.

EL JUBILEO DEL REY

Los reyes solían celebrar su Heb Sed, o jubileo, tras estar 30 años en el trono, y cada tres años a partir de entonces. La fiesta reconfirmaba su derecho a gobernar y era la celebración más importante de la realeza.

LA FIESTA DEL HEB SED

Los rituales de este festival eran una prueba de vitalidad para cada rey y servían para confirmar su capacidad de gobierno. También se creía que revitalizaban sus poderes y confirmaban el apoyo de los dioses a su soberanía, manteniendo así el equilibrio del universo. Sin embargo, a medida que el rey envejecía, estos rituales eran cada vez más difíciles, lo que ponía en peligro la estabilidad de Egipto.

Carrera ritual
Como prueba de aptitud física, el rey corría en círculos entre dos hitos que representaban las fronteras de Egipto: cuatro vueltas en la corona blanca del Alto Egipto y cuatro en la corona roja del Bajo Egipto.

ESTANDARTES SIMBÓLICOS

Los estandartes que se llevaban durante la procesión tenían un significado simbólico: el halcón representaba la realeza; el chacal (Upuaut) ofrecía protección al rey, y la placenta significaba que el rey era hijo de los dioses.

LA PROCESIÓN REAL

Los distintos rituales se llevaban a cabo en diferentes lugares del recinto del festival. El rey viajaba entre estos lugares en una silla de transporte como parte de una gran procesión encabezada por abanderados reales y acompañada por músicos y bailarines.

Alzamiento del pilar dyed
Al levantar un pilar dyed, el rey demostraba que proporcionaría estabilidad. Este ritual recreaba el triunfo mítico del dios Osiris sobre su hermano Set.

Repetición de la coronación
El rey, vestido con una capa adornada con motivos de diamantes, volvía a ser coronado con las coronas blanca y roja para confirmar su derecho a gobernar el Alto y el Bajo Egipto. El símbolo del Heb Sed era un trono doble.

El don de millones de años
Los reyes hacían ofrendas a los dioses a cambio de su bendición. En este caso, Horus concede al rey un largo reinado, representado por un símbolo Heb Sed en una hoja de palma con muescas que significa «millones de años».

GOBERNAR LA TIERRA

En el antiguo Egipto, el ganado y el trigo eran tan valiosos como hoy el dinero. Los reyes establecían sistemas para identificar, registrar y distribuir esa riqueza, con la ayuda de funcionarios que sabían leer y escribir, para así mantener el control sobre la tierra y sobre las personas.

LLEVAR REGISTROS

Etiquetas de marfil como esta marcan el comienzo de la conservación de registros egipcios, en torno al 3300 a. C. Los símbolos describen lo que había dentro de jarras, cofres y cajas colocados en tumbas reales. También ofrecen datos sobre un rey, como su riqueza y su éxito en llevar maat (orden y armonía) al pueblo.

RECUENTO REAL DE RESES

Como el ganado era muy valioso, en el Imperio Antiguo los gobernantes hacían una gira anual por el país para que sus funcionarios contasen el número de reses en cada comunidad. Luego se llevaban parte de los animales como impuesto.

Cuatro escribas registran el número de reses que pasan.

Un campesino agarra los cuernos de una vaca para evitar que se aleje del rebaño.

Un pastor empuja una vaca con su palo para que avance.

IMPUESTOS

El rey utilizaba los impuestos para financiar los proyectos de construcción reales y las guerras, y también para proveer de servicios al pueblo. Cuando las cosechas fallaban, los alimentos de las reservas del Estado se entregaban a los necesitados.

Medir el trigo
Los funcionarios medían el tamaño de los campos y las cosechas producidas usando una cuerda para calcular el impuesto que debía pagarse.

Registrando la cosecha
Después, los escribas hacían una estimación de la cantidad total de trigo y usaban esta cifra para calcular cuánto debía recaudarse como impuesto.

Distribución de grano
Una vez cortado, el trigo que debía pagarse como impuesto se transportaba en barcazas a lo largo del Nilo hasta graneros centralizados y, después, era redistribuido según fuera necesario.

Meketra, el administrador financiero del rey, observa el recuento desde su terraza.

Los guardias se quedan cerca por si surge algún problema.

El ganado lleva una variedad de patrones y marcas.

VIDA COTIDIANA

UN AÑO CON TRES ESTACIONES

El antiguo año egipcio giraba en torno a la crecida anual del Nilo, que renovaba el suelo para cultivar. Había tres estaciones: Akhet (inundación), Peret (cultivo) y Shemu (cosecha).

INUNDACIÓN

En el mes de julio, las fuertes lluvias en una de las fuentes del Nilo, muy al sur del reino, hacían que el nivel del río subiera en Egipto, inundando la tierra de ambos márgenes. Mientras los campos se hallaban sumergidos, la gente pescaba en ellos en barcas hechas con haces de papiro y cordel que arrastraban redes tras ellas. Mientras, en tierra firme, reparaban herramientas agrícolas o trabajaban en proyectos de construcción reales.

CULTIVO

En torno a noviembre, cuando el nivel del agua descendía, la tierra volvía a emerger, oscura y fértil. Los agricultores utilizaban arados tirados por bueyes y azadas manuales para arar la tierra y, después, sembrar trigo y otros cultivos. Se cavaban canales de irrigación y se traían cubos de agua desde el Nilo para regar las plántulas.

COSECHA

Al llegar marzo, la cosecha estaba lista para ser recogida. Hombres y mujeres trabajaban duro en los campos, cortando el cereal con hoces de sílex y recogiendo verduras y frutas, como dátiles y uvas. El cereal se ataba en gavillas y se cargaba en barcos para transportarlo río arriba y río abajo.

HAPI, DIOS DE LAS CRECIDAS

Las crecidas del Nilo simbolizaban la fertilidad y la abundancia de alimentos. El dios de las crecidas, Hapi, es mitad mujer, mitad hombre y suele aparecer con grandes pechos y una abultada barriga. En este relieve, Hapi tiene la piel de color azul agua y lleva una cesta cargada de pan, fruta y flores de loto.

AGRICULTURA

La agricultura era esencial para el modo de vida del antiguo Egipto. Proporcionaba alimentos, materiales como lino y papiro para fabricar telas y papel, y productos para el comercio. La mayoría de la gente trabajaba la tierra, ya fuera a mano o con la ayuda de animales.

Trilla
En la fila superior se ve a unos jornaleros que transportan cestas de trigo cortado a una zona de trilla, donde las vacas lo pisotean para separar el grano de los tallos. En el centro, un hombre se lleva una cesta vacía a la que ha dado la vuelta.

Cosecha y recolección
En la franja del medio, hombres con hoces avanzan por un campo de trigo maduro, cortando los tallos a su paso. Detrás los siguen las mujeres, que recogen los tallos cortados para la trilla. Es un trabajo que da sed, por eso un hombre se detiene para beber.

Arar y sembrar
La fila inferior muestra el comienzo del año agrícola: la siembra del trigo. Dos agricultores aran la tierra con azadas de madera, mientras otros cinco arrastran un arado manual por el campo. Otro esparce semillas en la tierra recién roturada.

CULTIVO DE TRIGO

Uno de los cultivos más importantes era el trigo. Esta pintura mural, que se lee de abajo a arriba, muestra el ciclo de siembra, cultivo y cosecha.

Los agricultores pasaban días agachados cortando tallos de trigo, lo que a menudo les causaba dolor de espalda.

AMULETOS

Los agricultores pasaban horas en el campo. Creían que llevar amuletos podía protegerlos de las lesiones. Este representa a un granjero encorvado en un campo de trigo. En el reverso se lee la inscripción «Para las caderas».

Aventar
Los agricultores lanzan el grano trillado al aire. El viento arrastra las cáscaras ligeras —inservibles—, y las semillas más pesadas caen en las cestas.

Herramientas afiladas
Esta hoz de madera lleva filos de pedernal para cortar el trigo. El pedernal era abundante y podía afilarse con facilidad.

Agricultores de cuatro patas
Este modelo de madera representa a un granjero guiando un arado tirado por ganado. Estos arados revolucionaron la agricultura al facilitar la labranza.

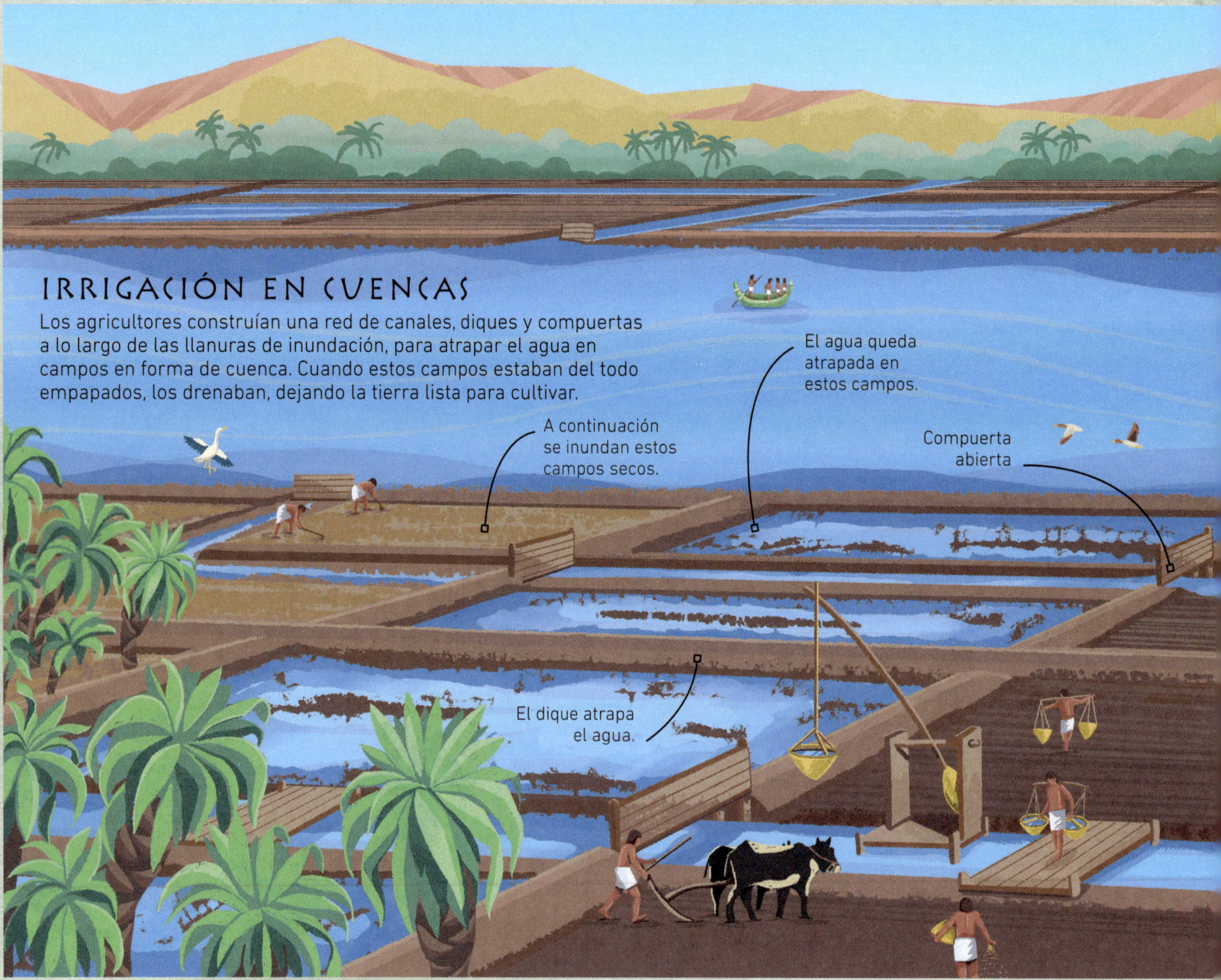

IRRIGACIÓN EN CUENCAS

Los agricultores construían una red de canales, diques y compuertas a lo largo de las llanuras de inundación, para atrapar el agua en campos en forma de cuenca. Cuando estos campos estaban del todo empapados, los drenaban, dejando la tierra lista para cultivar.

El agua queda atrapada en estos campos.

A continuación se inundan estos campos secos.

Compuerta abierta

El dique atrapa el agua.

HACER TRABAJAR EL AGUA

El agua era fundamental para la vida en los márgenes del Nilo, y los antiguos egipcios idearon hábiles métodos para controlar y medir su flujo, lo que les permitía maximizar el rendimiento de sus cultivos.

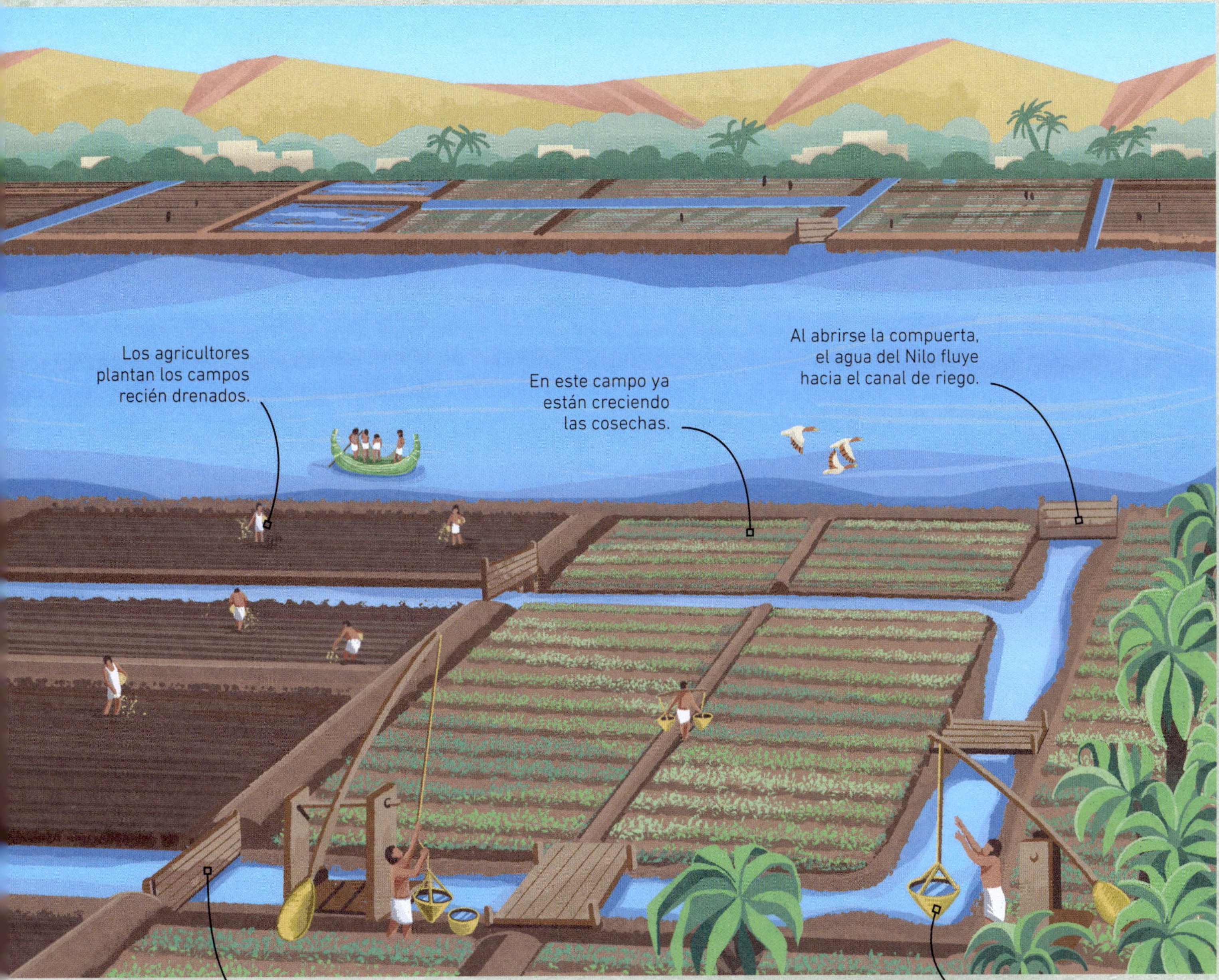

Los agricultores plantan los campos recién drenados.

En este campo ya están creciendo las cosechas.

Al abrirse la compuerta, el agua del Nilo fluye hacia el canal de riego.

Compuerta cerrada

Un hombre saca agua con un shaduf.

DOMINAR EL FLUJO

Los antiguos egipcios inventaron herramientas para extraer agua del río, que usaban para sus tareas agrícolas y domésticas. El éxito de la cosecha dependía del nivel de la inundación anual, por lo que también idearon indicadores para medir y prever el flujo y el reflujo del Nilo. Si se preveía una buena cosecha, el rey también podía esperar buenos ingresos de impuestos.

Levantar agua
Un hombre levanta agua con un shaduf. Este instrumento consistía en un palo largo con un balde en un extremo y un peso en el otro, y funcionaba como un balancín.

Predictores de crecidas
El tamaño y el momento de la crecida variaban, por lo que se hacían muescas en las escaleras junto al río para registrar el ascenso y el descenso del agua.

LA PESCA

El río Nilo y los lagos y costas del antiguo Egipto eran una importante fuente de alimento. La mayoría de la gente no podía permitirse tener muchos animales para obtener carne, por lo que dependían del pescado y de las aves silvestres para comer. Para los ricos, una excursión por el río era una buena opción para pasar el día al aire libre.

Este hombre acaba de pescar un enorme pez con su arpón.

Esta figura levanta su arpón para apuntar.

Un sirviente lleva aves acuáticas muertas a Meketra.

Los barcos de pesca se hacían con haces de tallos de papiro o de madera.

▲¡A LA RED!

Esta pintura de una tumba muestra a unos hombres pescando con redes en las marismas. Han extendido una gran red entre sus barcas y han capturado varios tipos de peces diferentes. Entre sus capturas hay percas, siluros y mújoles.

HIPOPÓTAMOS

En el Nilo había hipopótamos y cocodrilos. Los hipopótamos macho se relacionaban con Set, dios del caos. En este amuleto-sello se ve el nombre de Amenemhat III, rey que podría ser el cazador que caza un hipopótamo, lo que simboliza su dominio sobre las fuerzas del mal.

Hipopótamo atrapado en la red

Una mujer lleva un pato a Meketra.

Meketra observa cómodamente a la sombra de un toldo.

PESCA DEPORTIVA

Las familias ricas practicaban la pesca y la caza de aves por diversión. Este modelo de barco de la tumba del mayordomo principal del rey, Meketra, lo representa durante una excursión de pesca con su familia. Los acompañan sus sirvientes, que se encargan de remar, navegar, pescar y recolectar.

GANARSE LA VIDA

CHATY

El chaty (primer ministro) tenía el cargo más importante en el antiguo Egipto después del rey. Los chatys supervisaban los asuntos cotidianos relacionados con el gobierno del reino e informaban al rey.

SACERDOTISA

Los sacerdotes y las sacerdotisas administraban los templos de Egipto y realizaban rituales religiosos en nombre del rey. La gente les consultaba porque se creía que hablaban directamente con los dioses.

ESCRIBA

Muy pocas personas sabían leer y escribir, por lo que los escribas eran muy respetados. Solían trabajar en el gobierno llevando registros o redactando documentos oficiales, o en templos escribiendo textos religiosos.

TEJEDORES

Los tejedores tenían un papel importante en la producción del lino, usado por la gente para vestirse y para las estatuas de los dioses, y para envolver el cadáver en la momificación. Solía haber telares en los templos y palacios.

CARPINTEROS

La madera de calidad era escasa en Egipto, y debía importarse. Los carpinteros desempeñaban varios papeles fundamentales: fabricaban muebles para los vivos y para el más allá, y también construían barcazas y barcos para los viajes por río o por mar.

Los puestos de mayor rango eran los relacionados con el gobierno o con el servicio a los dioses. Los artesanos se ganaban el respeto por su habilidad para fabricar objetos de lujo, mientras que los agricultores y los constructores ocupaban el estrato más bajo. Estos son algunos de los trabajos que realizaban los egipcios.

ESCULTORES

Los escultores tenían mucho trabajo tallando relieves de piedra, jeroglíficos, obeliscos y estatuas para palacios, templos y tumbas. Transformaban bloques de tosca piedra en los hermosos edificios y esculturas que vemos hoy.

ORFEBRES

Los artesanos que elaboraban joyas y amuletos para adornar y proteger a los vivos y a los muertos eran muy solicitados. Se los respetaba por su talento para trabajar materiales valiosos como el oro y las piedras preciosas.

AGRICULTORES

La agricultura era esencial, y la mayoría de las personas (hombres, mujeres y niños) se dedicaban al cultivo de la tierra. Se consideraba un trabajo de bajo estatus, pues no requería habilidades o formación especiales.

EN EL MERCADO

Los mercados solían estar cerca del Nilo, por lo que se podía llegar a ellos fácilmente en barco desde lugares cercanos o lejanos. El grano se usaba como si fuera dinero, y se podía ofrecer a los comerciantes a cambio de otros bienes, como comida o ropa. A continuación se muestran escenas de compras e intercambios en un mercado. El viaje comienza con una visita al banco de cereales del pueblo.

Esta pesa de piedra, fabricada durante el Imperio Antiguo, pesaba cinco deben.

Las tres líneas en el lomo de esta gacela indican que valía tres deben.

DEBEN

La unidad de peso estándar de Egipto era el deben. Se calculaba el valor del metal, el grano y otros bienes pesándolos con una o más pesas de deben. Estas pesas podían ser de diferentes formas, tamaños y materiales.

Visitando el banco de grano
Un agricultor lleva un saco de trigo al granero de la aldea. Un funcionario le indica el camino y un escriba anota la cantidad depositada para que el granjero pueda volver a recoger su parte más adelante.

Pagando salarios
Cerca de allí, otro funcionario paga con cereales a los trabajadores de uno de los proyectos de construcción del rey. Estos hacen cola para recibir su salario, mientras un escriba anota lo que recibe cada uno.

Intercambio de aceite y lino
Este comerciante vende tarros de aceite de oliva que ha importado en barco desde la costa oriental del Mediterráneo. Acepta cambiar parte de su aceite por el mismo peso en lino tejido.

COMPRA Y TRUEQUE

El dinero no se usó de forma generalizada en el antiguo Egipto hasta el período del dominio griego. Antes, la gente intercambiaba unos bienes por otros y se valía de un sistema de pesos para garantizar que el trato fuera justo.

Pesando fruta
Una vendedora de frutas usa una balanza para pesar unos pepinos contra una gran piedra que pesa diez deben. ¡Los pepinos y la piedra se equilibran! Ahora ella conoce su valor: puede cambiarlos por diez deben de otra cosa.

Pescado a cambio de grano
Un hombre ofrece a una comerciante una cesta de cereales a cambio de una cesta de pescado. Ella pide a su amiga la frutera que pese ambas cestas en su balanza. Mientras se lleva a cabo la transacción, un perro atrevido roba un pescado.

Comercio con el exterior
Mientras tanto, un comerciante visita un puesto de venta de amuletos. Acaba de regresar del Sinaí. Muestra al orfebre una turquesa en bruto que ha traído y le dice que en su burro tiene muchas más.

EL PAN DIARIO

El principal cereal usado para hacer pan era la escanda, un tipo de trigo que era el antepasado del trigo moderno. Se molía a mano para hacer harina. Los panes tenían distintas formas y tamaños, y podían ser salados o dulces.

Arena
Al moler el grano, entraba arena en la harina. Comer ese pan arenoso desgastaba los dientes y provocaba caries.

Frutas y especias
Para darle sabor, la gente añadía especias como cilantro, o endulzaba la masa con dátiles, higos o miel, si podían conseguirlos.

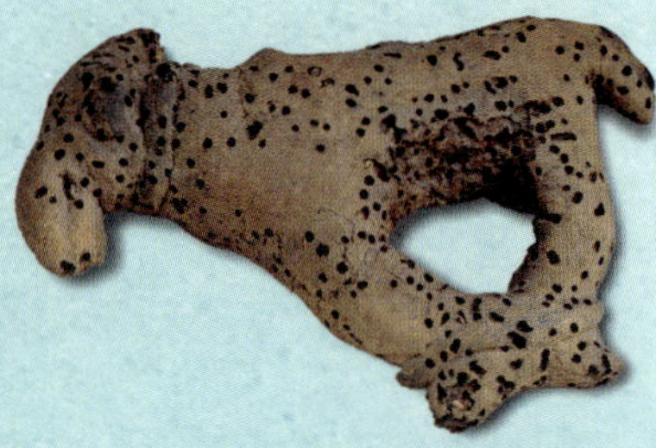

Formas de las hogazas
El pan solía ser redondo, pero también podía tener forma alargada, cónica o triangular. ¡O incluso forma de animales!

EN LA PANADERÍA

Los panaderos primero molían el trigo para hacer harina, luego añadían agua y elaboraban la masa, y después le daban forma de pan y la horneaban. Estas maquetas, encontradas en diferentes tumbas, muestran distintas fases del proceso de horneado.

El pan se cuece en un horno de barro.

Las mujeres hacen harina triturando el trigo con una piedra de moler.

Un hombre da forma de hogazas a la masa.

FÁBRICA DE CERVEZA

La cerveza se elaboraba sobre todo con cebada. Los cerveceros utilizaban distintos métodos, pero en todos se hacía una masa y se dejaba fermentar en agua. La bebida resultante era espesa y turbia.

La cebada triturada se mezcla con agua y se le da forma de bolas de masa, que luego se aplastan.

La cebada se tritura con un mortero hasta convertirla en polvo.

La cerveza fermentada se vierte en jarras con tapa para almacenarla.

PAN, CERVEZA Y ARENA

Tanto ricos como pobres comían pan y bebían cerveza todos los días. Ambos productos se elaboraban a partir de cereales mediante procesos similares, y las panaderías y las cervecerías solían estar juntas.

PAJITAS DE BEBER

La pintura de esta estela muestra a un hombre bebiendo de una jarra grande con una pajita. Estas se hacían con arcilla, con un junco o con metal, y se han encontrado algunas con un filtro en un extremo para así tamizar el líquido.

COMER EN EGIPTO

Gracias al Nilo y a su fértil tierra, muchas personas en el antiguo Egipto disfrutaban de una dieta equilibrada basada en el pan y acompañada de una variedad de verduras, legumbres, frutas y frutos secos, además de pescado y aves de caza.

DIETA EQUILIBRADA

La alimentación dependía de la riqueza y el estatus. Quienes tenían vacas, ovejas o cabras comían carne con frecuencia; los demás dependían de la caza. Se comía abundante pescado del río y del mar. Algunos alimentos, como el pollo y las manzanas, no se introdujeron hasta el Imperio Nuevo.

Comida de ricos
Las familias con ganado y viñedos podían disfrutar de carne y vino, y algunas criaban abejas, pero cualquiera que encontrase abejas silvestres podía comer miel.

Dar sabor
Se utilizaban muchas hierbas y especias para añadir sabor, además de la sal.

Comida de pobres
El pan, la cebolla y el ajo eran los alimentos básicos de los pobres, además de lo que recolectaran.

Ajo

Cilantro

Comino

Hinojo

Vino

Uvas

Enebro

Lechuga

Pescado

Azufaifas

Cebollas tiernas

Cerveza

Pan

Ternera

Pepino y melones chate

Rábanos

Sandías

Huevos

Chufas

Ganso

Higos

Garbanzos y lentejas

Yogur

Dátiles

Raíces de loto

Granadas

Miel

MÉTODOS CULINARIOS

Las imágenes de los muros de las tumbas muestran que la carne podía guisarse, asarse o salarse para secarla. En esta copia de un relieve del Imperio Antiguo, un hombre limpia un pato, otro guisa carne y un tercero asa al fuego un pato o un ganso.

RECETAS DE PASTELES DE CHUFA

A los antiguos egipcios, aunque no tenían azúcar, les gustaban mucho los panes y pasteles endulzados con frutos secos, miel o algarrobas. Rejmira, un chaty del Imperio Nuevo, hizo pintar la pared de su tumba con instrucciones detalladas para hacer pasteles de chufa, los tubérculos de una hierba parecida al papiro.

Recolección de miel
Un hombre con una olla encendida ahuma las abejas para que salgan de la colmena y su compañero pueda llegar al panal.

Preparar la masa
Dos panaderos preparan masa añadiendo miel a harina de chufas molidas, las cuales aparecen apiladas en una cesta.

Calentar grasa
A continuación, un panadero añade grasa de color blanco a una sartén y el otro la revuelve con una larga paleta.

Cocinar la pasta
Luego, el panadero toma trozos de mezcla de un frasco y los agrega a la sartén para cocinarlos en la grasa caliente.

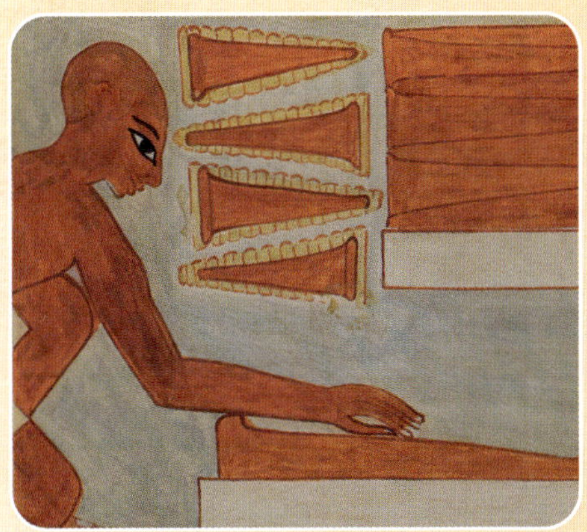

Dar forma a los pasteles
Una vez que la mezcla se ha cocinado hasta formar una pasta, el panadero la coloca sobre una tabla y le da forma de cono.

Listos para comer
Cuando los pasteles están listos, se apilan y se llevan al templo local para ofrecerlos a los dioses.

VIDA FAMILIAR

Las relaciones familiares eran muy valoradas, tanto en vida como en la muerte. Los esposos y las esposas respetaban los roles del otro y apreciaban a sus hijos. Los hijos, a su vez, hacían ofrendas para proteger a sus padres en el más allá.

LLEVAR EL HATO

Para la mayoría de las personas, el matrimonio no era algo oficial. Cuando un hombre o una mujer querían casarse, simplemente visitaban a la persona amada con un hato que contenía sus pertenencias y le proponían vivir juntos.

MI CORAZÓN ALETEA CON ANSIA CUANDO PIENSO EN MI AMOR POR TI...

POEMA AMOROSO, IMPERIO NUEVO

RETRATO DE FAMILIA

Este estilo de retrato de familiar era popular en las capillas funerarias, donde se dejaban ofrendas para los parientes muertos. Representa a los familiares como querían ser vistos eternamente. El esposo y la esposa tienen la misma altura, lo que muestra que son compañeros iguales. Se sientan del brazo, con su hijo en medio.

La dama dibujada en este óstraco (fragmento de cerámica) acuna a un bebé en sus brazos.

REZAR PARA TENER HIJOS

Las parejas que querían tener hijos hacían ofrendas a diosas como Hathor, que en este colgante aparece representada con orejas de vaca. Creían que les concedería fertilidad, y protegería a la madre y al niño durante el parto.

Parte del testamento de Naunakhte, que distribuye su propiedad entre los hijos de sus dos matrimonios

LA SEÑORA DE LA CASA

A las mujeres casadas, cuya función principal era la de cuidar del hogar y de los hijos, se las llamaba señoras de la casa. Las que poseían sirvientes también podían realizar trabajos remunerados fuera del hogar.

DERECHOS DE LA MUJER

Las mujeres y los hombres recibían el mismo salario por el mismo trabajo. Las mujeres podían poseer y administrar propiedades, divorciarse de sus maridos, hacer sus propios testamentos y decidir quién heredaba sus posesiones.

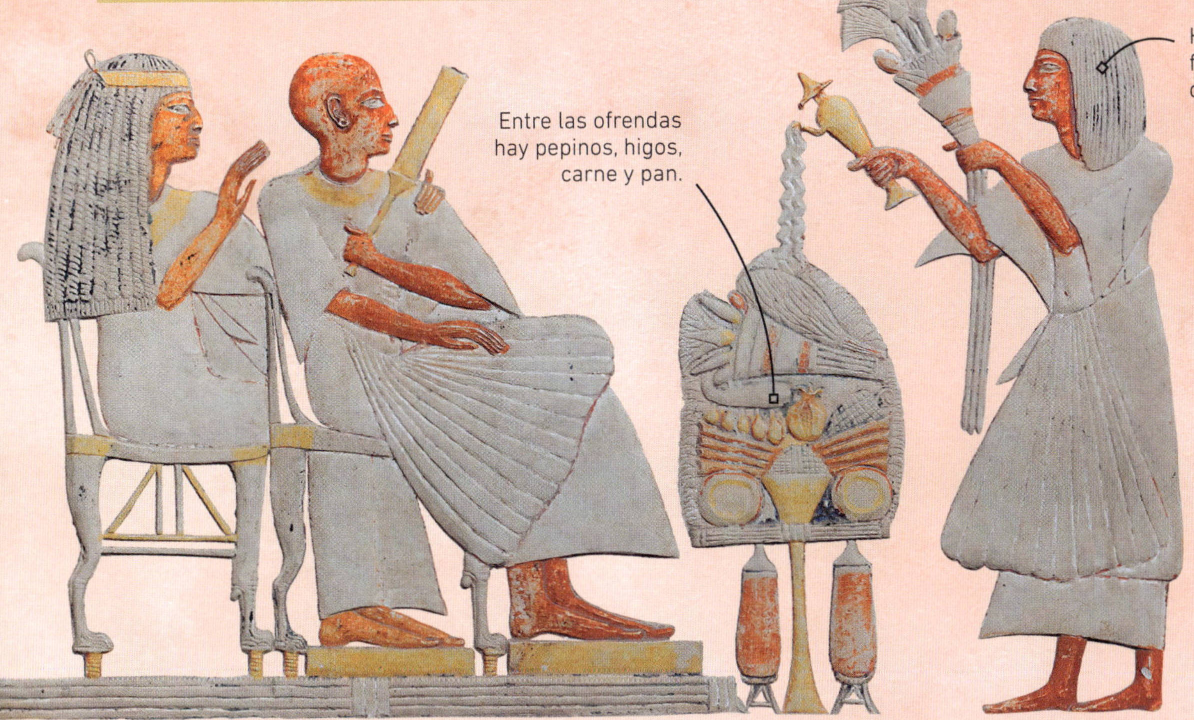

Entre las ofrendas hay pepinos, higos, carne y pan.

Huy lleva a sus padres flores de loto, símbolo de renacimiento.

DEBER FAMILIAR

Los hijos tenían el deber de cuidar a sus padres ancianos y de asegurarse de que recibían un entierro apropiado. En este relieve, Huy, un escriba, lleva ofrendas a la tumba de sus padres para alimentar sus almas para siempre.

LA CASA EGIPCIA

Las casas en Egipto solían estar hechas de adobe, un material abundante y barato. Los jardines, cuyo mantenimiento exigía mucha agua y trabajo, estaban reservados para los dioses, la realeza, los nobles y los funcionarios importantes.

Respiradero
Un agujero a la sombra en la azotea permitía que circulara el aire dentro.

UNA CASA TÍPICA

Las maquetas de casas encontradas en tumbas del Imperio Medio, como esta, ofrecen pistas sobre cómo era una casa egipcia común. Incluso las casas pequeñas tenían varias habitaciones, entre ellas una sala de estar, una cocina y áreas de almacenamiento. Los ocupantes a menudo dormían en la azotea.

Ventanas pequeñas
Las ventanas eran pequeñas para dejar entrar el aire pero no el calor del sol.

Escalera
Una escalera exterior llevaba a la azotea.

Paredes de adobe
Las paredes podían estar encaladas para reflejar la luz del sol.

Patio
En el patio se cocinaba, se almacenaban cosas y se tenía a los animales.

LADRILLOS DE ADOBE

Esta pintura muestra a unos ladrilleros trabajando. Primero recogen barro del Nilo, y le añaden agua y paja. Luego vierten la mezcla en moldes y apilan los ladrillos para que se sequen al sol.

Diosa de los árboles
Una diosa ofrece fruta de los árboles del jardín.

Loto
Las flores de loto blancas simbolizan el renacimiento en el más allá.

Estanque
El estanque está lleno de peces y aves.

JARDINES NOBLES

La mayoría de los jardines estaban en los palacios reales, en templos o en casas ricas. En los jardines ideales que aparecen en las pinturas de tumbas, como este, suele haber estanques, abundantes árboles y flores.

Dátiles
Las palmeras datileras están cargadas de frutos.

LOS DIOSES EN CASA

Los dioses tenían poder sobre todos los aspectos de la vida, por lo que la gente llevaba amuletos y tenía altares en casa. De esa forma, podían buscar la ayuda o la protección de sus dioses favoritos donde estuvieran.

Protector de la familia
El dios Bes, mitad humano y mitad león, era popular en los hogares, pues se creía que protegía a las madres y a los niños.

Escucha nuestra plegaria
Las estelas con relieves de orejas talladas y textos, como esta, se usaban para rezar a un dios. ¡Con tantas orejas, tenía que escuchar!

Diosa del hogar
Los habitantes del poblado tenían en casa imágenes de dioses para proteger su hogar. Se creía que Tueris ofrecía una protección especial a las madres y los niños.

VISTA DESDE LA CALLE

Todas las casas tenían una distribución similar y estaban dispuestas en hileras, contiguas unas a otras, por lo que tenían muy pocas ventanas. Esta es una vista lateral de la casa que, a continuación, aparece en sección transversal.

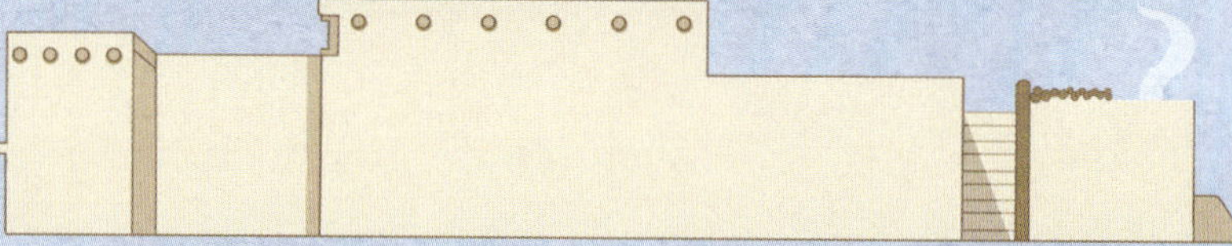

SALA FRONTAL

La puerta principal de la casa se abría a la calle y daba a la primera sala, que contenía una plataforma elevada, rodeada por muros y a la que se accedía por escalones, la cual tal vez se utilizaba como altar o como cama de parto. Tueris protegía este lugar.

SALÓN

La sala principal se encontraba en el centro de la casa, sostenida por una o más columnas. No había dormitorios fijos, por lo que los habitantes dormían aquí o en la azotea.

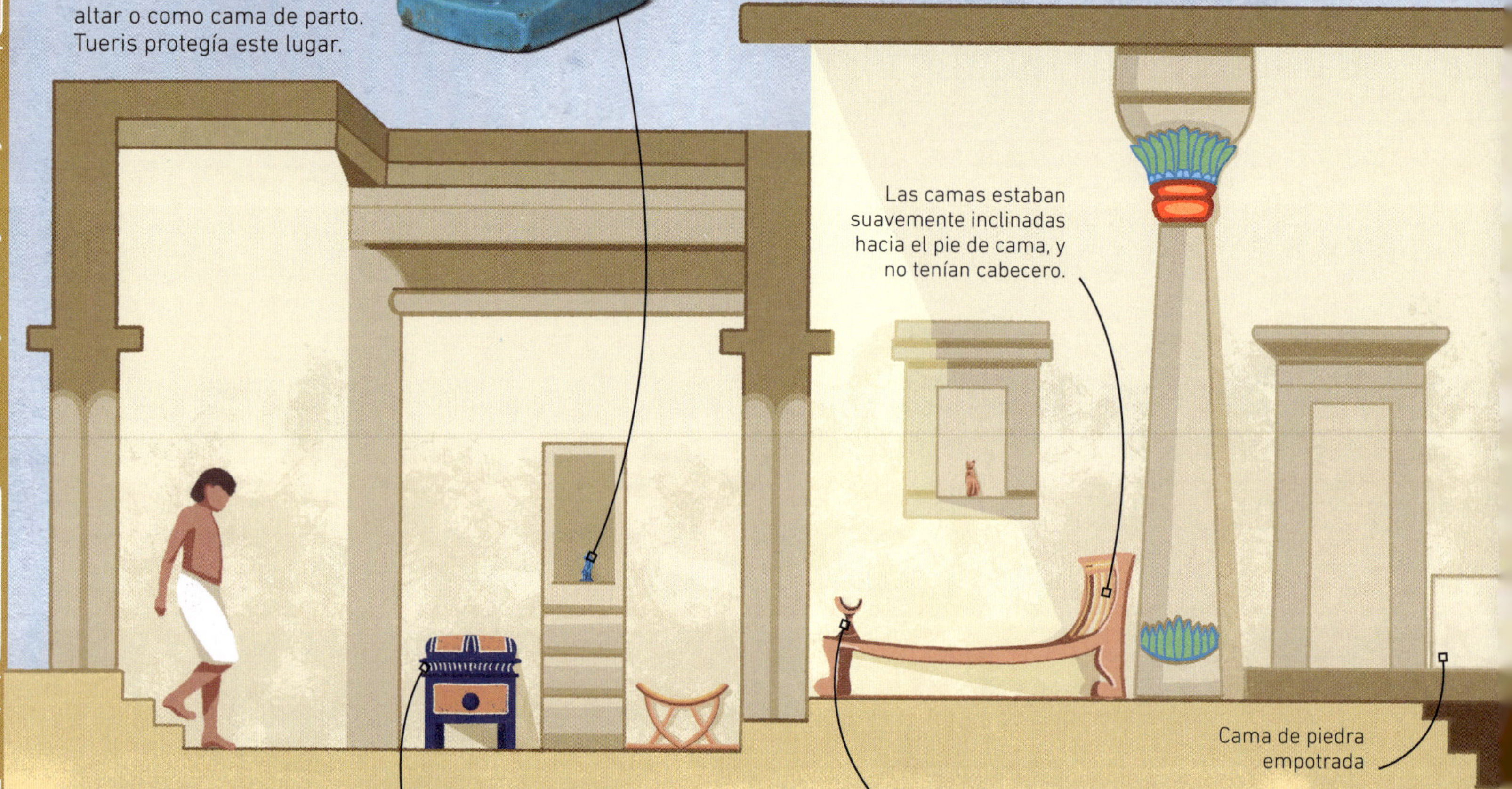

Las camas estaban suavemente inclinadas hacia el pie de cama, y no tenían cabecero.

Cama de piedra empotrada

Cofre para almacenar
Los cofres eran útiles para guardar cosas como sábanas y maquillaje, por lo que solía haber varios en una casa.

Reposacabezas
Para dormir se usaban reposacabezas, pues eran más frescos que una almohada.

LA CASA DE UN ARTESANO

Los trabajadores que construyeron las tumbas reales del Imperio Nuevo vivían en un poblado construido a tal fin, hoy llamado Deir el-Medina. Sus casas y muebles ofrecen una visión del interior de la casa de un artesano bien pagado.

Retrete portátil
Este taburete fue diseñado para usarse como retrete colocando un recipiente bajo el orificio. Se podía mover de una estancia a otra.

Las azoteas planas daban espacio extra para trabajar, guardar cosas o dormir al aire libre en las noches calurosas.

COCINA

La cocina tenía un horno de adobe y estaba en parte al aire libre, con un techo de esteras para permitir que el calor y el humo escaparan.

Jarra de vino decorada
Si bien la cerámica para uso cotidiano solía ser sencilla, se decoraban jarras para ocasiones especiales.

HABITACIÓN PEQUEÑA

Esta habitación no parece haber tenido un propósito particular. Quizá se usaba para almacenamiento adicional o como espacio habitable.

Escaleras a la azotea

DESPENSA FRESCA

Las despensas excavadas muy por debajo del suelo eran el mejor lugar para guardar el agua y los alimentos frescos.

Materias como grano, agua y aceite podían almacenarse en un lugar apartado hasta que se necesitaran.

Piedra de moler
Para hacer harina, se molía trigo o cebada sobre una gran piedra que podía colocarse en el suelo de la cocina.

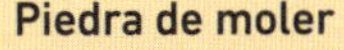

Las aves acuáticas eran una fuente importante de alimento, y la caza era la actividad de ocio preferida de la nobleza.

Se creía que los gatos luchaban contra los enemigos del dios sol. La pintura simboliza el triunfo de la luz sobre la oscuridad.

Este gato usa sus dientes y garras para atacar tres pájaros a la vez.

GATOS CAZADORES

Al darse cuenta de que los gatos eran hábiles cazadores, los egipcios los introdujeron en sus casas para cazar ratas, ratones y serpientes. Esta pintura de una tumba representa a un escriba llamado Nebamun cazando aves silvestres en los pantanos acompañado por su familia y por su gato cazador.

GATOS Y PERROS

Los antiguos egipcios reconocían el instinto natural de caza y protección de los gatos y los perros, y poco a poco los incorporaron a sus hogares como compañeros. También adoraban a dioses felinos y caninos, que tenían poderes protectores.

GATOS SAGRADOS

Los gatos eran sagrados para Bastet, una diosa felina venerada por sus cualidades maternales y su poder para proteger el hogar. También se creía que protegían al dios sol, Ra, pues luchaban contra sus enemigos en el inframundo.

Los ojos de color ámbar de esta cabeza de gato de bronce son reflectantes, como los ojos de los gatos reales.

Jui pasea su perro lupu con una correa. El nombre del perro está escrito en jeroglíficos azules.

Un gato devora un pez bajo la silla de su amo. Los gatos del antiguo Egipto eran de color arena.

Esta escultura de un chacal custodiaba el santuario de Tutankamón, en Canopo.

Este chacal lleva un collar dorado.

ANIMALES DE COMPAÑÍA

Los gatos y los perros aparecen a menudo en las obras de arte del antiguo Egipto como animales de compañía, sentados en el regazo de sus dueños, y a veces aparecen perros con correa.

DEIDADES CANINAS

Los chacales frecuentaban los cementerios, y por eso se creía que protegían a los muertos. Había varios dioses en forma de chacal, por ejemplo Anubis, el dios de la momificación. Los perros domésticos no eran sagrados, pero se los asociaba con los chacales, pues también son cánidos.

OLER BIEN

Para los antiguos egipcios, el perfume no solo era algo que olía bien, sino que era el olor de los dioses. Las fragancias más preciadas contenían ingredientes exóticos y estaban reservadas para los dioses y los ricos.

FESTÍN AROMÁTICO

El perfume podía ser líquido (mezclado con aceite) o sólido (mezclado con grasa). En esta pintura, un sirviente ofrece una copa de vino a los invitados de un banquete. Los conos sobre las cabezas de las mujeres simbolizan su gloriosa fragancia.

Lirio sagrado
Se utilizaban los lirios blancos y las flores de loto azules por su dulce aroma.

Los pétalos de lirio se ponen dentro de una bolsa de tela.

Esta mujer trae flores de lirio para que las prensen.

PERFUMERÍA

Aunque los hombres también usaban perfumes, el susinum, una fragancia extraída de los lirios, era el más popular entre las mujeres. El relieve muestra a unos artesanos extrayendo esencia de los lirios, que mezclaban con otros ingredientes para elaborar perfume.

El aceite de los pétalos triturados gotea en el frasco de abajo.

Pez de cristal
Este frasco, con forma de tilapia, un pez del Nilo, está hecho de valioso vidrio.

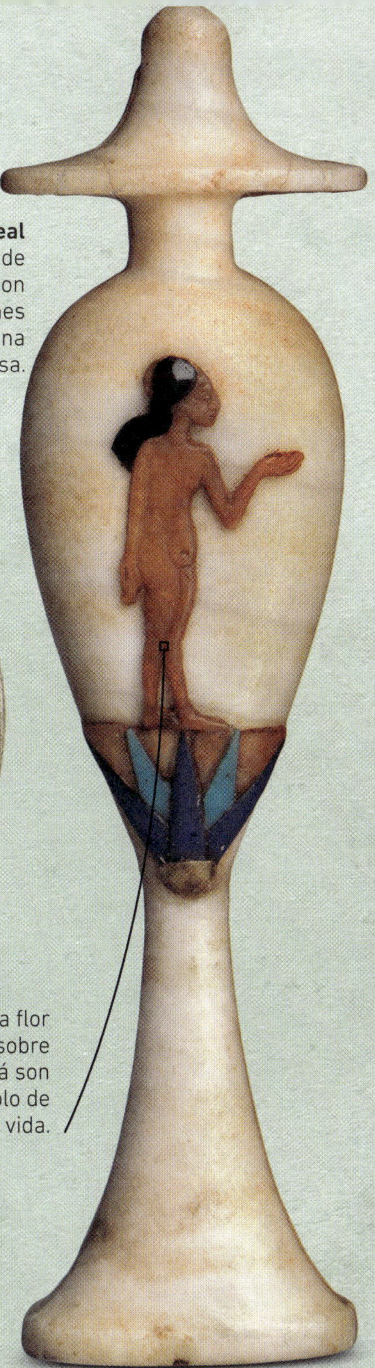

Aceite real
Esta botella de alabastro, con incrustaciones perteneció a una niña princesa.

BOTELLAS DE PERFUME

Muchos perfumes contenían ingredientes caros y raros, y los envases eran igualmente lujosos. Los de piedra, de vidrio o de loza eran mejores para mantener las fragancias frescas. Algunas botellas estaban decoradas con símbolos de renacimiento que preparaban para la otra vida.

Los palos giran en sentidos opuestos para prensar la bolsa.

En el frasco está inscrito el nombre del sacerdote, Amenhotep.

Frasco sacerdotal
Este frasco se entregaba a un sacerdote para celebrar el año nuevo.

La niña y la flor de loto sobre la que está son un símbolo de la nueva vida.

Tarro en forma de mono
Este frasco de perfume está hecho de loza, un tipo de cerámica.

INCIENSO SAGRADO

El perfume más famoso del antiguo Egipto era el kyfi, un aroma dulce y picante que combinaba unos 15 ingredientes, entre ellos mirra, canela, enebro, vino y miel. Algunos de estos ingredientes debían importarse, por lo que el kyfi era caro. Se utilizaba principalmente en los templos, donde se quemaba como incienso para purificar el entorno de los dioses.

Resina de mirra

Canela

Bayas de enebro

MODA DURADERA

La vestimenta en el antiguo Egipto no cambió mucho con el paso del tiempo. Todos, desde los miembros más ricos de la realeza hasta los trabajadores más pobres, usaban faldas o vestidos de lino para mantenerse frescos.

Collares para dar color
Se usaban joyas para dar color a un atuendo sencillo, como este collar de cuentas.

LA VESTIMENTA

Todo el mundo llevaba ropa de lino, que era difícil de teñir, por lo que casi toda era de color crema natural.

Vestido de lino
Este fragmento de un vestido de lino es la prenda tejida más antigua que se conserva. Data de alrededor del 3300 a. C. y se encontró en la tumba de una mujer, arrugado como si lo se lo acabase de poner.

La mujer lleva un vestido sencillo con dos tirantes anchos.

Tanto el marido como la mujer llevan collares.

El hombre lleva una falda por la rodilla y atada a la cintura.

ESTILO COTIDIANO

Esta estatua muestra el tipo de ropa que se vestía en el Imperio Antiguo. En el Imperio Nuevo, los hombres y las mujeres habían comenzado a usar túnicas sueltas hechas de una pieza de tela de lino y ceñidas a la cintura.

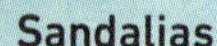

Sandalias de papiro tejido

Sandalias
Los niños y la mayoría de los adultos iban descalzos, pero quienes podían permitírselo llevaban sandalias, de cuero o papiro tejido.

EL ESTATUS DE LA ROPA

Como todo el mundo llevaba ropa de lino, eran la calidad y el acabado del atuendo lo que mostraba lo rica e importante que era una persona. La pareja de esta pintura lleva sus mejores galas, confeccionadas en lino blanco perfectamente plisado y de un tejido tan fino que es casi transparente.

BELLEZA

Hombres y mujeres usaban maquillaje y productos para la piel para embellecerse y mostrar devoción a Hathor, diosa de la belleza. Los más ricos podían permitirse ingredientes de calidad y recipientes elegantes.

Dentro de los frascos de vidrio y alabastro había perfumes, cremas y kohl.

Cofre de Merytneit, de la tumba que compartía con su marido, Ja, arquitecto real

Cofre de la tumba de Kemeni, mayordomo real

En la parte superior del cofre había un espejo.

NECESER

Los cofres de maquillaje permitían almacenar cosméticos de forma segura y ordenada, con compartimentos para frascos de ungüento perfumado, maquillaje y espejos.

BOTES DE MAQUILLAJE

Los ungüentos y aceites perfumados se usaban mucho para mantener la piel suave y tersa. Se almacenaban en recipientes de piedra para mantenerlos frescos.

Frasco de aceite sellado y atado con lino

La tapa está adornada con imágenes de papiros y lotos.

Caja de ungüentos de loza en forma de capitel de columna

El frasco se sellaba con una tapa plana.

Tarros de las esposas de Tutmosis III

Un cordón atado a los pomos mantiene la tapa cerrada.

Recipiente de marfil para bálsamo en forma de pato

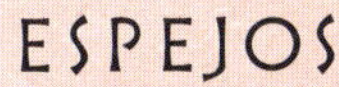

ESPEJOS

Los espejos estaban hechos de bronce pulido o de plata, según el estatus del propietario. Estos círculos brillantes recordaban a los egipcios el sol y la nueva vida.

La malaquita se trituraba para hacer maquillaje de ojos de color verde. Contenía cobre, que protegía de las bacterias.

El kohl negro solía hacerse con galena en polvo. Protegía los ojos del brillo del sol.

El ocre rojo, de óxido de hierro, se aplicaba como colorete en mejillas y labios.

Espejo de oro y plata

El mango se asemeja a Hathor, con orejas y cuernos de vaca.

Las uñas se teñían de rojo con alheña.

Frasco de vidrio para kohl con aplicador

Bote de kohl de loza de la princesa Sitamón

TUBOS DE KOHL

Hombres, mujeres y niños usaban maquillaje para proteger sus ojos de infecciones y de la intensa luz solar. Era de minerales triturados con aceite y se aplicaba con una varilla.

Cuchara de alabastro con una muchacha nadando

CUCHARAS DE MAQUILLAJE

Se usaban cucharas para mezclar y almacenar polvos, perfumes y ungüentos. Los artesanos eran creativos con sus diseños.

Cuchara de hueso en forma de perro

Cuchara de marfil

En el mango hay un halcón tallado.

PEINADOS EGIPCIOS

El peinado de hombres y mujeres revelaba información sobre su trabajo, su riqueza y su estatus social. Los cambios en la moda y el estatus social también determinaban si se usaba peluca o no.

FINGIR

Los antiguos egipcios comenzaron a usar extensiones de cabello, así como alheña, para realzar su cabello natural desde el año 3400 a. C. Se convirtieron en expertos fabricantes de pelucas. Las elaboradas pelucas eran populares pero caras, por lo que solo los ricos podían permitírselas.

Las pelucas solían ser de cabello humano real trenzado.

Peluca redonda
Este tipo de peluca, de rizos cortos y apretados, fue usada por funcionarios, príncipes y reyes desde el Imperio Antiguo.

Había dos secciones sobre los hombros y una en la espalda.

Peluca tripartita
Este tipo de peluca fue popular durante siglos. Consistía en cabello largo y liso dispuesto en tres secciones.

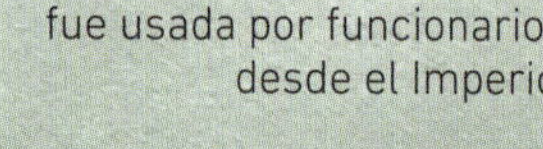

Era fácil ponerse una peluca sobre la cabeza rapada.

Cabeza rapada
Tanto sacerdotes como sacerdotisas se afeitaban la cabeza para estar limpios y puros, y muchos hombres y mujeres lo hacían para mantenerse frescos.

La peluca se fijaba con cera de abeja y resina de pino.

Peluca doble
Este estilo, con rizos apretados en la parte superior y trenzas más largas en la inferior, lo usaban los funcionarios masculinos durante el Imperio Nuevo.

Algunas pelucas se perfumaban con aceites aromáticos.

Peluca completa
Esta peluca, popular entre las mujeres durante el Imperio Nuevo, tenía mechones largos y ondulados o trenzas que caían desde una raya en el medio.

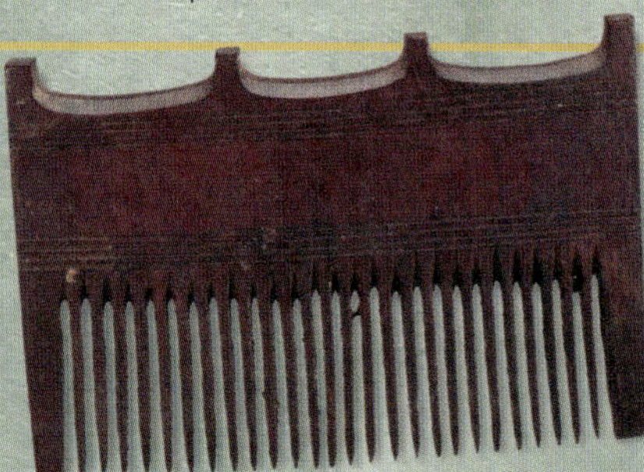

Peine para liendres
Los usaban para librarse de los piojos. Las pelucas también ayudaban, pues los piojos no sobrevivían fuera del cuero cabelludo.

PRÁCTICO Y BELLO

Las pelucas ornadas no solo eran atractivas, sino también útiles. Brindaban protección solar, ahuyentaban los piojos y tenían una base de malla que dejaba escapar el calor, lo que ayudaba a mantener la cabeza fresca.

Peinado para una reina
En este relieve, Henut, el peluquero de la reina Neferu, sujeta un mechón de cabello para colocar una extensión.

MECHÓN LATERAL JUVENIL

En el arte antiguo, los niños suelen representarse con la cabeza rapada salvo por una parte, en la que el cabello se trenzaba hacia un lado. En esta pintura, el príncipe Amenherjepeshef, hijo de Ramsés III, se ve con «mechón de juventud» en un broche decorativo.

EL SIGNIFICADO DEL COLOR

El oro y las piedras semipreciosas eran apreciados por sus colores, y cada uno tenía un significado. Los orfebres también usaban loza vidriada, para imitar las piedras preciosas y crear piezas más asequibles.

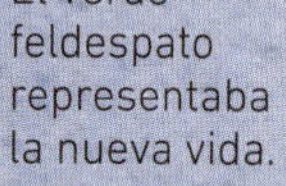

El verde feldespato representaba la nueva vida.

Pulsera de cornalina y loza
La loza verde con cuentas de pasta azul y casi negra simboliza el Nilo y la fertilidad, mientras que la cornalina posee energía vital.

Granate
El color rojo intenso de los escasos granates evocaba la sangre y su poder vivificante.

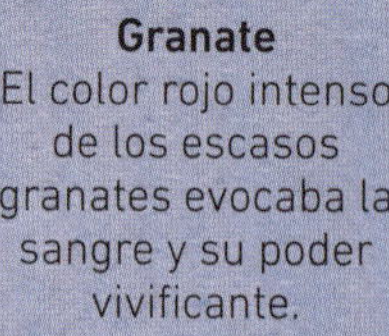

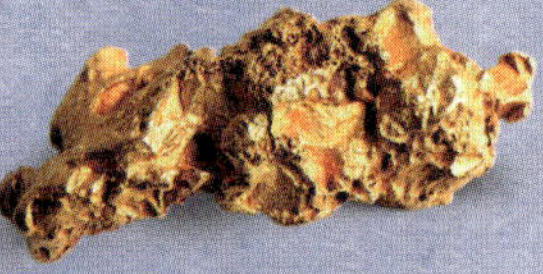

Oro
Se creía que el oro era la carne de los dioses, y simbolizaba la eternidad.

Cornalina
La cornalina, de color rojo anaranjado, representaba la sangre, la vida y el poder del sol.

Lapislázuli
El lapislázuli, de color azul profundo, poseía poderes protectores del cielo nocturno.

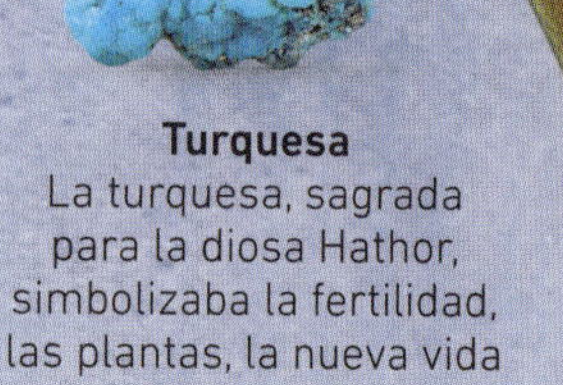

Turquesa
La turquesa, sagrada para la diosa Hathor, simbolizaba la fertilidad, las plantas, la nueva vida y la alegría.

JOYAS MÁGICAS

Las joyas se diseñaban para que fueran bellas y tuvieran significado. Los colores, los materiales y las formas se combinaban para proteger a quien las llevaba y tenían el poder de conceder mágicamente lo que se deseaba, en la vida y en la muerte.

ADORNOS PARA TODOS

Tanto los hombres como las mujeres llevaban collares, pulseras, anillos, pendientes y adornos para la cabeza. Esta recreación de una pintura funeraria muestra a una mujer que se viste para una ocasión especial. Dos asistentes la ayudan a adornarse con joyas.

COLLAR CON PODER

Los orfebres creaban para la realeza joyas exquisitas que combinaban materiales preciosos, colores, figuras y jeroglíficos para brindarles una poderosa protección. Este pectoral (adorno para el pecho), engastado con 372 piedras preciosas, perteneció a una princesa llamada Sithathoriunet. Posiblemente lo usaba para garantizar que su padre, el rey Sesostris II, sería bendecido con la vida eterna.

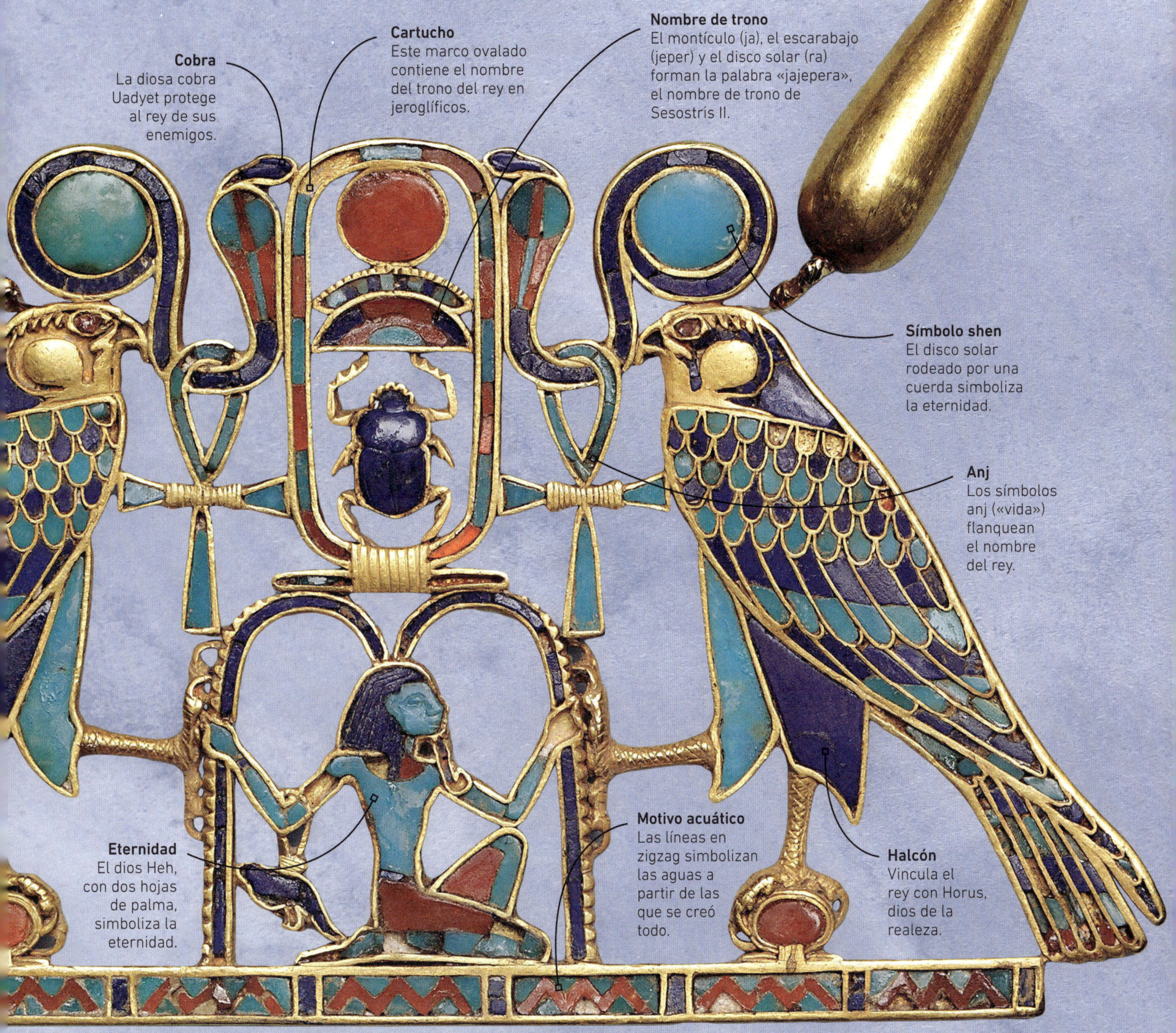

VINO Y CAZA DE AVES

Estas pinturas de una capilla funeraria del Imperio Nuevo representan la elaboración de vino y la caza de aves. Arriba se muestra a hombres que recogen y pisan uvas. Abajo se ven aves acuáticas atrapadas en una red y luego desplumadas para ser cocinadas.

ESCRITURA EGIPCIA

Se cree que la escritura más antigua es la del antiguo Egipto. Usaba jeroglíficos, unos símbolos que representaban sonidos, objetos o ideas. Se utilizaban unos 800 de manera general, pero con el tiempo se llegaron a emplear más de 7000.

PRIMERA ESCRITURA

Los jeroglíficos más antiguos que se conservan datan del 3300 a.C. Se encontraron en una de las primeras tumbas reales, en Abidos, tallados en etiquetas de marfil y de hueso atadas a jarras para identificar su contenido y origen. Esta escritura temprana tenía un propósito práctico: llevar registros.

En estas etiquetas, procedentes de la tumba del rey Horus Escorpión I, se especifican productos como vino, cereales y tejidos. Los jeroglíficos representan estos artículos y de qué parte de Egipto procedían.

El alimoche es uno de los muchos jeroglíficos con forma de ave. Todos ellos representan diferentes sonidos y significados.

ESCRITURA SAGRADA

Jeroglífico significa «escritura sagrada», lo que proviene de su uso en registros religiosos y reales. Los jeroglíficos se grababan en las paredes de templos y tumbas o se pintaban sobre relieves, como este de la tumba del rey Seti I.

El jeroglífico en forma de ojo significa «ojo», «ver», «mirar», o «hacer», y también se usa en el nombre del dios Osiris.

ALFABETO JEROGLÍFICO

Algunos jeroglíficos representan un sonido equivalente a una o más letras. A continuación se muestran los símbolos más cercanos a nuestro alfabeto moderno. El significado de un jeroglífico puede cambiar según con qué otros símbolos se use.

A
Alimoche

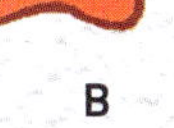

B
Pierna

C
Cesta

D
Mano

E
Dos juncos

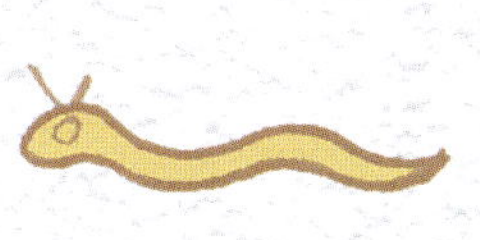

F
Víbora cornuda

G
Jarra

H aspirada
Cuerda retorcida

I
Junco

J
Cobra

K
Cesta

L
León

M
Lechuza

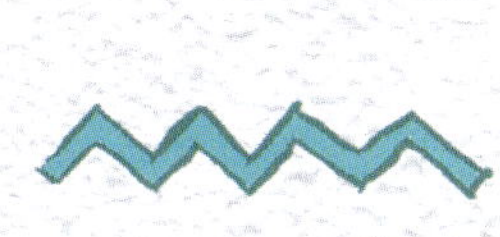

N
Agua

O
Cuerda

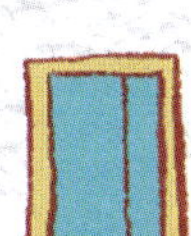

P
Taburete

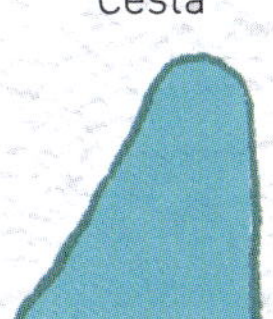

Q
Colina

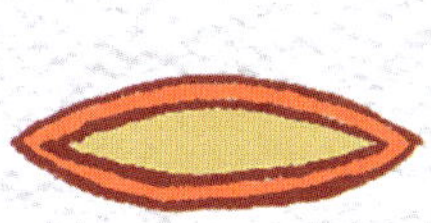

R
Boca

S
Cerrojo de puerta

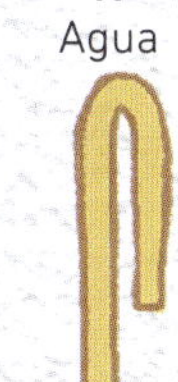

S
Tela plegada

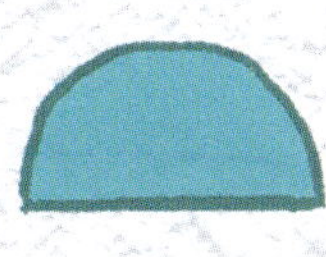

T
Hogaza de pan

U
Pollo de codorniz

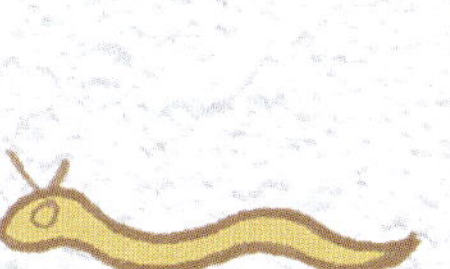

V
Víbora cornuda

W
Pollo de codorniz

X
Cesta y tela plegada

Y
Dos juncos

No hay un jeroglífico para la letra Z.

SUENA COMO...

La palabra egipcia para decir «gato» se pronunciaba «miu», redordando el maullido de un gato. Al escribirla, se usaban los jeroglíficos de los sonidos mi-i-u, más el jeroglífico que significa gato, para dejarlo bien claro.

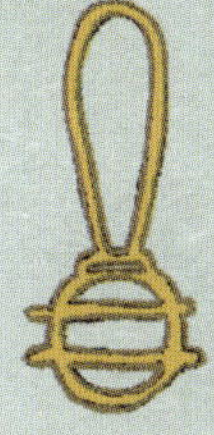

MI
Jeroglífico en forma de jarra de leche.

I
Jeroglífico del junco.

U
Jeroglífico del pollo de codorniz.

Gato
El símbolo del gato al final de un texto se llama determinativo, pues determina el significado de los jeroglíficos que lo preceden.

LEER JEROGLÍFICOS

Los jeroglíficos son muy complicados. Los antiguos egipcios los escribían de muchas formas diferentes y en distintas direcciones. Entender la manera adecuada de leer los jeroglíficos es tan importante como el significado de cada uno.

PALABRAS VISUALES

Además de símbolos que representan sonidos, muchos jeroglíficos eran imágenes de las cosas que representaban. El jeroglífico en forma de león, por ejemplo, significa «león». Sin embargo, muchos tenían múltiples significados. A continuación se muestra una selección.

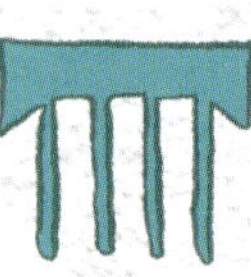

Jeroglífico: Humedad del cielo
Significado: Lluvia, rocío, tormenta

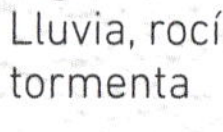

Jeroglífico: Herramientas de escriba
Significado: Escriba, escribir

Jeroglífico: Tallo de papiro
Significado: Fresco, verde

Jeroglífico: Estrella
Significado: Estrella, alabar, adorar

Jeroglífico: Corazón y tráquea
Significado: Belleza, perfección

Jeroglífico: Rollo de papiro
Significado: Rollo de papiro, escritura

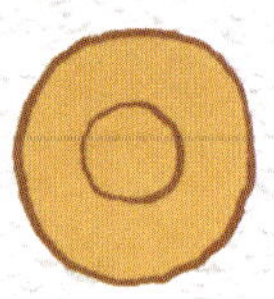

Jeroglífico: Sol
Significado: Sol, día

Jeroglífico: Tres ondas
Significado: Agua

Jeroglífico: Montaña
Significado: Montañas, tierras extranjeras

Jeroglífico: León
Significado: León

Jeroglífico: Gato
Significado: Gato

Jeroglífico: Hipopótamo
Significado: Hipopótamo

Jeroglífico: Pájaro picoteando pez
Significado: Pescar

Jeroglífico: Momia en la cama
Significado: Cadáver, acostarse

Jeroglífico: Cesta con fruta o grano
Significado: Fruta, grano, terminar

Jeroglífico: Rayos solares
Significado: Luz solar, alzarse, iluminar

LIBROS

Con el tiempo, se crearon formas de escritura más simples. Estas, llamadas hierática y demótica, coexistieron con la escritura jeroglífica. La hierática se usaba para fines sagrados y más cotidianos, a menudo con plumas de caña sobre papiro. Las guías para el más allá del *Libro de los muertos* se escribieron inicialmente en rollos de papiro en jeroglíficos, pero más tarde se utilizó la escritura hierática.

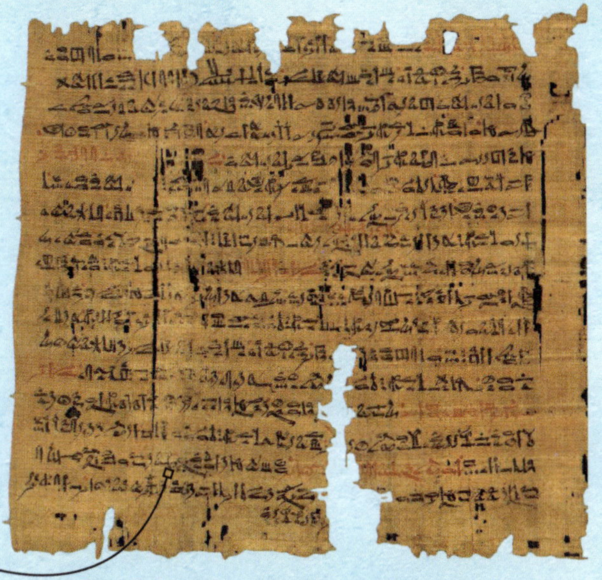

El libro más antiguo
Enseñanzas de Ptahhotep, un libro de 4500 años de antigüedad, está escrito en hierático sobre papiro.

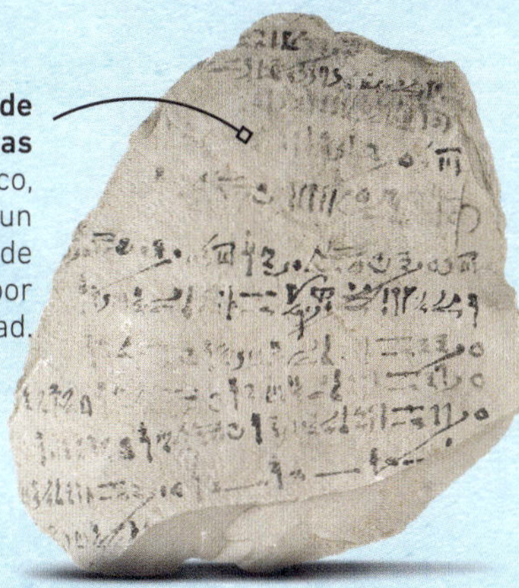

Registro de ausencias
Este óstraco, hierático, es un registro de ausencias por enfermedad.

ÓSTRACOS

Los óstracos son notas antiguas: fragmentos de cerámica o piedra caliza en los que los egipcios escribían listas de la compra, mensajes, etc. Este óstraco es uno de los muchos relacionados con la mano de obra asignada a las tumbas reales en el Valle de los Reyes.

ORDEN DE LECTURA

Este panel de madera del ataúd de Nianjjnum está pintado con jeroglíficos que debían ayudarlo en su viaje al más allá, como hechizos y oraciones a los dioses de la muerte y el renacimiento, como Osiris y Anubis. Los jeroglíficos podían leerse de derecha a izquierda o viceversa, y en vertical u horizontal. Siempre se leen desde la dirección en la que miran las personas y los animales.

EL PODER DE LA ESCRITURA

Menos de una de cada cien personas sabía leer o escribir, pero eso les permitía tener un buen trabajo. Los escribas llevaban los registros reales y religiosos, y tenían un alto estatus. Algunos monarcas se representaban como escribas para destacar su erudición.

Piedra
para moler pigmentos

Paleta de piedra
Paleta con un hueco para mezclar tintas de colores hechas de pigmentos y goma

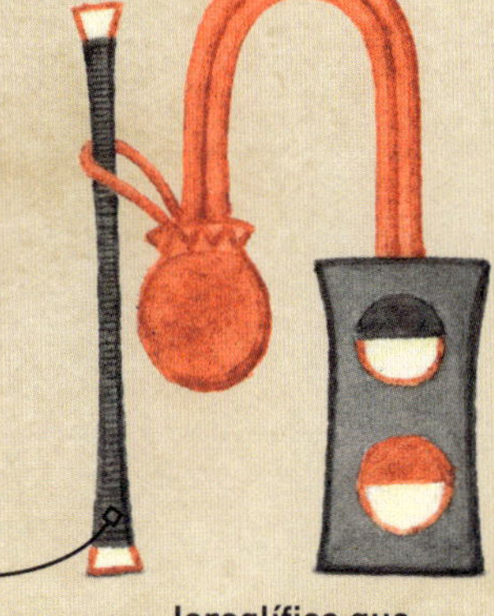

El jeroglífico muestra un estuche para pluma, una bolsa de tintas y una paleta de madera.

Jeroglífico que significa «escriba».

Pincel
Pincel de fibras vegetales. El extremo aún está teñido de pigmento rojo.

ESCRIBA

Entre las tareas cotidianas de un escriba estaban llevar registros impositivos de las cosechas de cereales y del ganado, y redactar contratos, testamentos y cartas. Mantenían el estado en funcionamiento de manera eficiente.

> NO HAY PROFESIÓN SIN JEFE, EXCEPTO LA DE ESCRIBA.
>
> SÁTIRA DE LAS PROFESIONES

ÚTILES DEL ESCRIBA

Los útiles de escritura de un escriba eran su posesión más preciada. Constaban de una paleta, plumas de caña, pinceles, pastillas de tinta y hojas de papiro.

Paleta de madera
Paleta portátil con ranuras para plumas y para mezclar tintas

Estatua de un escriba con las piernas cruzadas, vestido con falda blanca y sosteniendo una pluma de caña (perdida) y un rollo de papiro.

Papiro
El papel se fabricaba con los tallos del papiro.

REINA ILUSTRADA

En esta escena de su tumba, la reina Nefertari le dice a Thot, el dios de la escritura con cabeza de ibis: «¡Mira, soy un escriba!». Entre ella y Thot, un soporte sostiene una paleta de escriba y un cuenco de agua. Al igual que a otras mujeres de la realeza, a Nefertari le habían enseñado a leer y escribir.

LA INFANCIA

En el antiguo Egipto, los niños crecían deprisa. Trabajaban con sus padres desde pequeños y se consideraban adultos a los 14 años. Pero también había tiempo para divertirse y jugar.

JUEGOS EN LA CALLE

Las pinturas y relieves de las tumbas muestran a niños y niñas jugando a diferentes juegos muy energéticos, que parecen haber requerido músculos fuertes y habilidades gimnásticas. Como la mayoría de la gente no tenía jardín, jugaban en la calle.

Jugar a la pelota a caballito
Dos niñas se lanzan pelotas montadas en sus amigas, que están inclinadas.

Las chicas que llevan a las otras separan los pies para una mayor estabilidad.

Los chicos agarran firmemente las manos de las chicas para evitar que se caigan.

Juego del carrusel
En este juego, dos niños usan su fuerza para hacer girar a dos niñas a su alrededor.

Las chicas se inclinan hacia atrás y mantienen el cuerpo recto.

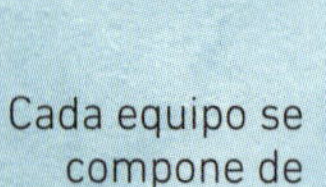

Tira y afloja
Este relieve representa a dos equipos de niños, cada uno tirando con todas sus fuerzas para derribar al otro equipo.

Cada equipo se compone de tres niños.

Los chicos tiran hacia atrás todo lo fuerte que pueden sin caerse.

JUGUETES

Los niños empezaban a ayudar a sus padres a los cinco años, pero los más pequeños tenían juguetes hechos de materiales como madera, cañas, arcilla y lino, como pelotas, muñecas y animales con partes móviles.

La mandíbula y la cola de este ratón de arcilla se mueven.

El exterior de esta pequeña bola hueca está hecho de lino y tiras de caña.

Al abrir la boca, pueden verse dos dientes y una lengua roja.

Al accionar la palanca, el perro de marfil abre la boca.

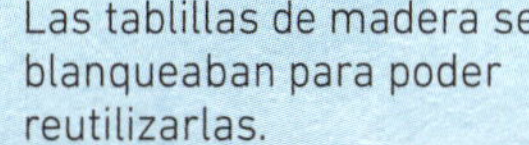

Las tablillas de madera se blanqueaban para poder reutilizarlas.

Un profesor ha corregido en rojo la escritura de este estudiante.

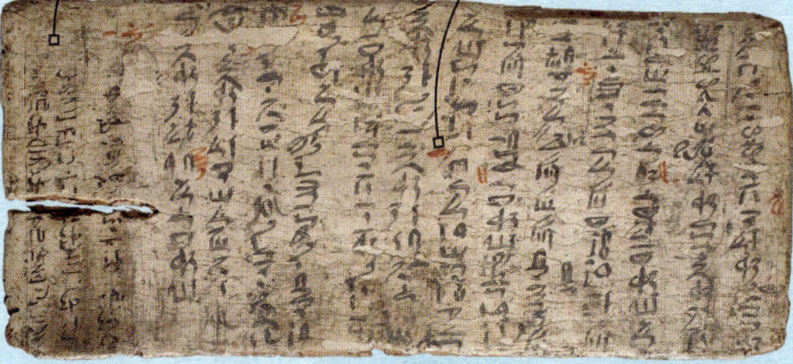

APRENDER A ESCRIBIR

Solo aprendían a leer y escribir unos pocos niños, de las familias de faraones y otros nobles como chatys, sacerdotes y escribas. La alfabetización era una vía para acceder a un trabajo de alto nivel. Los alumnos aprendían en las escuelas de los templos o con tutores, copiando textos.

NEGOCIO FAMILIAR

La mayoría de los niños seguían los pasos de sus padres. Las niñas aprendían las tareas domésticas con las madres, mientras que los niños aprendían el oficio del padre. Esta réplica de la pintura de una tumba muestra a un joven construyendo un santuario funerario junto a un carpintero de más edad que podría ser su padre.

JUGAR TODA LA ETERNIDAD

Los egipcios de todas las edades, ricos y pobres, practicaban los juegos de mesa. El más allá nunca estaba lejos de sus mentes, y muchos juegos reflejaban el peligroso viaje que esperaban emprender para llegar allí.

PRINCIPALES JUEGOS

Esta pintura representa a la reina Nefertari, la gran esposa de Ramsés II, jugando al senet. Otros juegos eran el mehen, y perros y chacales. Los egiptólogos tienen ideas sobre las reglas de estos juegos, pero nadie está del todo seguro.

La reina Nefertari juega contra un oponente invisible.

Se cree que las piezas en forma de león se comen las canicas rivales.

MEHEN

Los tableros de mehen estaban dispuestos en espiral. Los jugadores tenían que llegar con sus fichas hasta el centro y de vuelta al principio sin que se las comiese el león del oponente.

Fichas de mármol en un tablero en espiral

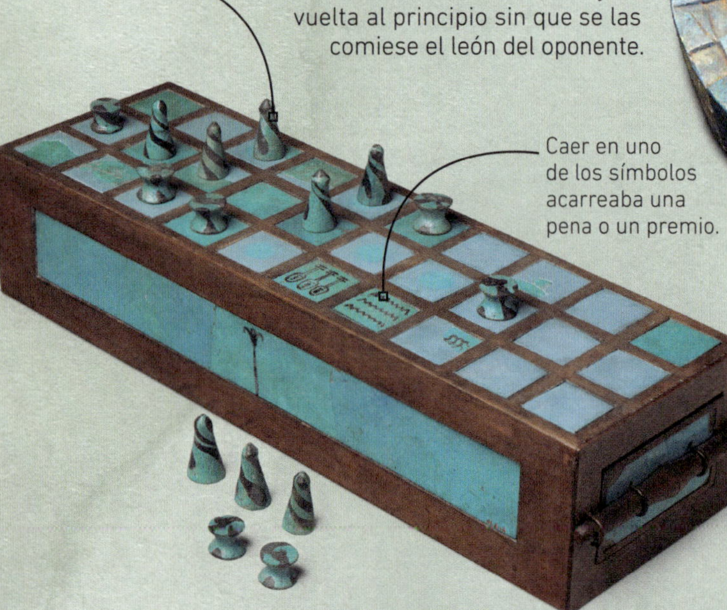

Cada jugador tenía fichas de forma diferente.

Caer en uno de los símbolos acarreaba una pena o un premio.

SENET

El senet se jugaba entre dos jugadores en un tablero de 30 casillas, que simbolizaba el peligroso viaje al más allá. Ganaba el primero que conseguía llevar todas sus fichas hasta la última casilla.

PERROS Y CHACALES

Este era un juego para dos jugadores, uno con piezas con cabeza de chacal y otro con piezas con cabeza de perro. Hacían avanzar sus piezas por el tablero desde las hojas de palma hasta el agujero en la parte superior, que representaba la eternidad. Los agujeros con marcas probablemente enviaban a los jugadores adelante o atrás.

VARILLAS

En muchos juegos se lanzaban varillas como si fueran dados. La cantidad de caras de colores que caían boca arriba decidía cuántas casillas debía avanzar el jugador.

EL MÁS ALLÁ

DEJAR EL CUERPO

Después del funeral, el ba, o espíritu del difunto, deja su cuerpo en la tumba y comienza su viaje a través del inframundo hacia el más allá.

El espíritu toma forma de ave ba.

El ka permanece en la tumba, en gran parte dentro del cuerpo.

LIBRO DE CONJUROS

Para superar los peligros que encuentra en su camino, el espíritu consulta su Libro de los Muertos, un libro personalizado de conjuros escrito en papiro que explica lo que tiene que decir y hacer.

Anubis, guardián de los muertos, guía al espíritu a través del inframundo.

LOS COCODRILOS

Temibles cocodrilos intentan impedir que el espíritu llegue al más allá, pero él conoce el conjuro para derrotarlos: «¡Atrás! ¡Atrás, cocodrilo! No vengas a mí. Mi poder me permite vivir».

> OH PESCADORES, HIJOS DE VUESTROS PADRES, QUE PESCÁIS EN NEFERSENET, NO ME ATRAPARÉIS EN VUESTRA RED.
>
> CONJURO PARA ESCAPAR DE UNA RED

LA BARCA

Siguiendo las instrucciones mágicas de la guía, el espíritu pide a un barquero que lo lleve del peligroso inframundo al más allá. Debe nombrar las partes de la barca.

El espíritu llama a la barca «mano de Isis».

LOS 42 JUECES

Al entrar en el Salón de la Verdad, el espíritu se encuentra con 42 jueces, relacionados con las 42 regiones de Egipto. Debe llamar a cada juez por su nombre y jurar que es inocente de 42 pecados.

Los jueces son deidades menores, y algunos tienen cabeza de animal.

GUÍA PARA EL MÁS ALLÁ

Los antiguos egipcios creían que, cuando morían en la tierra, su alma (compuesta de ka —fuerza vital— y ba —espíritu—) tenía ocasión de vivir para siempre en un mundo paralelo donde reinaba la perfección: el más allá. Para llegar allí, el espíritu tenía que atravesar antes el peligroso inframundo, que estaba lleno de demonios. Una serie de conjuros, algunos de los cuales se muestran aquí, podían ayudarlo en el camino.

GUARDIANES

El espíritu encuentra una serie de puertas, cada una custodiada por tres guardianes. Para pasar, su alma debe saludar a cada uno con el nombre correcto.

En la primera de las puertas, el espíritu nombra correctamente a Rostro al Revés, a Oyente Secreto y a Voz Miserable.

EL HALCÓN DORADO

El espíritu recita un conjuro para transformarse en una criatura divina: un halcón dorado, libre para volar a los cielos y unirse con el dios sol. «He resucitado, he resucitado como un gran halcón que sale de su huevo», dice.

El espíritu se eleva como el halcón de oro.

JUICIO FINAL

La última prueba consiste en juzgar el corazón del difunto. Sobre el corazón del cuerpo momificado se coloca un escarabajo de corazón para garantizar que el corazón es leal.

> NO MIENTAS CONTRA MÍ ANTE LOS DIOSES.
>
> INSCRIPCIÓN EN UN ESCARABAJO DE CORAZÓN

CAMPO DE LOS JUNCOS

Si se juzga que su corazón es digno, el espíritu renace en el más allá, un paraíso que se parece al mundo terrenal, pero es ideal. Allí, en el Campo de los Juncos, vivirá feliz para siempre en compañía de los dioses.

EL DÍA DEL JUICIO

Si el espíritu del difunto supera con éxito los peligros del inframundo, entonces llega al Salón de la Verdad. Allí los dioses juzgan si es digno de ser admitido en el más allá.

SALÓN DE LA VERDAD

En esta escena del Libro de los Muertos (compendio ilustrado de conjuros que servía de guía en el más allá), un hombre llamado Hunefer es guiado por el dios Anubis (con cabeza de chacal) a la prueba más grande de todas: el pesaje del corazón.

EL ESPÍRITU

Hunefer, vestido con sus mejores ropas, se prepara para defenderse ante los dioses. Anubis, el guía del más allá, lo lleva al Salón de la Verdad.

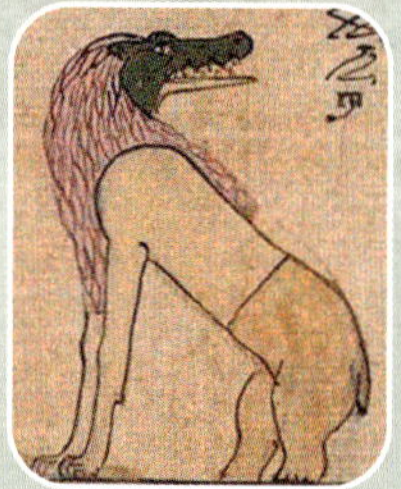

AMMYT

Ammyt, parte cocodrilo, león e hipopótamo, espera para devorar todo corazón cargado de pecado, lo que condena a su dueño a una muerte definitiva.

Anubis comprueba el equilibrio de la balanza para asegurarse de que el pesaje es justo.

Si su dueño llevó una buena vida, el corazón será ligero.

Un grupo de 42 dioses actúa como jurado.

La pluma blanca es un símbolo de la verdad y la justicia.

PESAR EL CORAZÓN

Anubis pesa el corazón del difunto en una balanza dorada. Para pasar la prueba, el corazón debe pesar menos que la pluma blanca de Maat, que está en el otro platillo, pues eso demuestra que el alma está libre de pecado.

THOT

Si el pesaje del corazón sale bien, Thot, dios de la sabiduría con cabeza de ibis, anuncia: «Sus obras son justas en la gran balanza, y no se ha hallado en él ningún pecado».

HORUS

Después, Horus conduce a Hunefer a un altar en el que está entronizado Osiris, flanqueado por las diosas protectoras y curativas Isis y Neftis.

OSIRIS

El dios del inframundo, Osiris, tiene la última palabra para que el espíritu entre o no al Campo de los Juncos y pase la eternidad en perfecta dicha.

EL CAMPO DE LOS JUNCOS

Esta pintura de la tumba de Sennedyem, constructor de tumbas reales, muestra su visión de la vida ideal en el más allá. Con su esposa, Iyneferti, con finas ropas de lino y caras pelucas, cultivan una fértil tierra que les dará abundantes cosechas durante toda la eternidad.

LISTOS PARA EL MÁS ALLÁ

Se suponía que el más allá era como el mundo terrestre, pero mejor, por lo que la gente llenaba sus tumbas con todo lo que necesitaban para vivir para siempre con comodidad, desde buena comida hasta cosméticos y ropa interior.

ARMAS

Armas como esta se enterraban en las tumbas de guerreros y de civiles para darles protección eterna.

Hacha de batalla

ÚTILES DE ESCRITURA

Quien sabía escribir, como los escribas, valoraban mucho sus útiles de escritura y no podían imaginar la eternidad sin ellos.

Útiles de escritura de la princesa Meketaten

ROPA LIMPIA

Este cofre decorado, con taparrabos bien doblados y otra ropa de lino, garantizaba que el difunto fuera siempre bien vestido.

MOBILIARIO

Las sillas garantizaban que el difunto tendría un lugar cómodo para sentarse. Esta está decorada con flores de loto, que son símbolo del renacer.

Silla de madera de la tumba de Kha, arquitecto real, y de su esposa Meryt

Cofre de ropa de Kha y Meryt

JOYAS

Las momias solían estar adornadas con joyas, como este collar de cuentas de loza. El color turquesa simboliza el renacer.

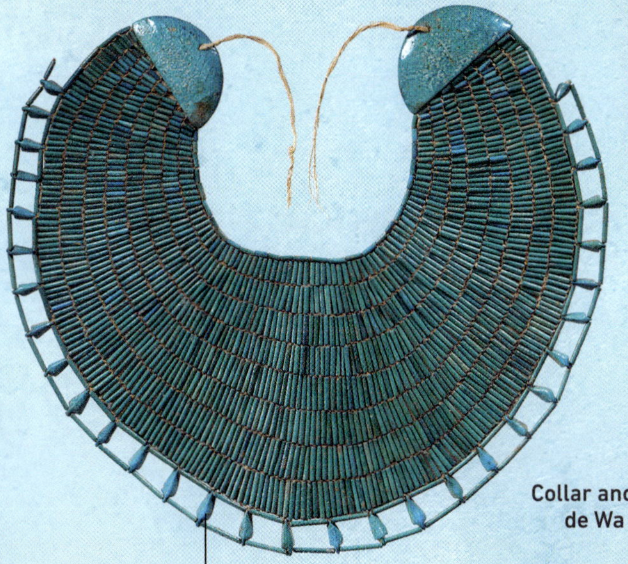

Collar ancho de Wa

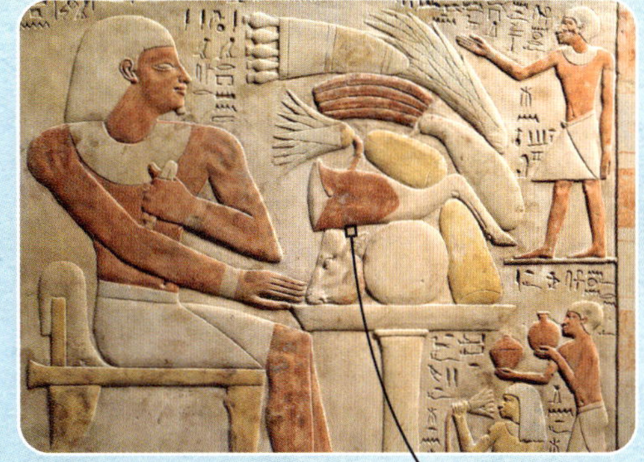

OFRENDA DE ALIMENTOS

Esta estela (losa de piedra), procedente de una tumba, muestra al mayordomo Mentuwoser sentado a una mesa repleta de pan, carne y verduras. Se pensaba que, en el más allá, las ofrendas se volverían reales y el alma nunca pasaría hambre.

Entre los alimentos de la mesa hay una pierna entera de ternera.

BIENES FUNERARIOS

La réplica de la pintura que aparece a continuación es de la capilla de la tumba de Rejmira, chaty (primer ministro) de dos faraones del Imperio Nuevo. Muestra una procesión de sirvientes llevando a la tumba de Rejmira cofres llenos con sus pertenencias.

PRODUCTOS DE BELLEZA

En la tumba, había cosméticos, cremas y aceites perfumados en recipientes de piedra o vidrio para que se mantuvieran frescos.

Jarra de cristal

ABANICO

Se creía que los abanicos de plumas permitían al difunto respirar de nuevo en el más allá, además de mantenerlo fresco.

Abanico de plumas de avestruz de Tutankamón

SIRVIENTE ETERNO

Los egipcios llevaban estatuillas mágicas llamadas shabtis. Si el alma renacida decía un cierto conjuro, el shabti cobraba vida y realizaba cualquier trabajo necesario.

Figurilla shabti de madera

CÓMO ES UNA MOMIA

Los egipcios creían que, al morir en la tierra, el cuerpo debía ser preservado a fin de que el alma tuviera un lugar donde vivir para siempre en el más allá. Perfeccionaron el arte del embalsamamiento para preservar el cuerpo.

Reposacabezas Se ponía bajo el cuello y protegía la cabeza.

Cabeza de serpiente Protegía de las mordeduras de serpiente.

Ba (alma) Amuleto para el caso de que el alma no regresara.

Corazón Un corazón de cornalina roja era un símbolo de vida.

Rana Simbolizaba la creación, por lo que aseguraba el renacimiento.

Pilar dyed Simbolizaba fuerza y permanencia.

Mano Protegía las manos y mantenía los dedos móviles.

SEMEJANZA PERFECTA

Sobre la cabeza de la momia se colocaba una máscara con el retrato del difunto. Esto protegía sus rasgos faciales y garantizaba que el espíritu reconocería su cuerpo al regresar a la tumba. Las máscaras de faraones y nobles solían ser doradas, como la piel de los dioses.

AMULETOS

Al envolver la momia, se ponían en el cuerpo amuletos de formas y colores simbólicos. Tenían como objetivo proteger al muerto y ayudarle a renacer en el más allá.

Pie
Protegía los pies y daba el poder de moverse.

AVE DEL ESPÍRITU

Los artistas egipcios mostraban el espíritu como un ave con rostro humano llamado ba o ave ba. Creían que esta contenía la personalidad del muerto, ya libre para volar entre el mundo de los vivos y el de los muertos. Cada noche, el ba regresaba a su cuerpo en la tumba terrenal. El ka, o fuerza vital de una persona, permanecía sobre todo en el cuerpo.

LAS PRIMERAS MOMIAS

Las primeras momias se crearon de forma natural: la caliente arena del desierto en la que las enterraban secaba el cuerpo e impedía que se pudrieran. A partir del año 4200 a.C., se comenzó a momificar los cadáveres. Esta momia, de alrededor del 3600 a.C., se conservó con aceites y resinas, y había estado envuelta en lino.

PREPARAR EL CUERPO

Al comenzar el embalsamamiento, se lavaba el cuerpo con agua y vino del Nilo, y se extraían la mayoría de los órganos internos para evitar que se pudrieran. El corazón, que, según se creía, controlaba las emociones y la inteligencia, se dejaba en su sitio.

Extraer el cerebro
Primero, el embalsamador insertaba una larga herramienta de metal por la nariz para trocear el cerebro y extraerlo.

Retirar los órganos
Se extirpaban el estómago, los pulmones, el hígado y los intestinos. Estos órganos se momificaban y se almacenaban por separado en vasos canopos de piedra.

Secar el cadáver
Después, se cubría el cuerpo con una sal natural llamada natrón y se dejaba 40 días hasta que quedaba completamente seco.

Duamutef
Estómago

Hapi
Pulmones

Imset
Hígado

Kebechsenef
Intestinos

VASOS CANOPOS

Los órganos extraídos del cuerpo se almacenaban en recipientes llamados vasos canopos. Cada órgano estaba protegido por uno de los cuatro hijos del dios Horus: Duamutef (un chacal), Hapi (un babuino), Imset (un humano) y Kebechsenef (un halcón).

TRATAR EL CADÁVER

Cuando el cuerpo estaba seco, los embalsamadores lo lavaban de nuevo. Calentaban una mezcla de aceites, grasas, cera de abeja y resinas perfumadas, y la extendían por toda la piel. Después envolvían el cuerpo con tiras de lino. Una vez envuelto, ya podían colocarlo en su ataúd.

EMBALSAMAR EL CUERPO

La momificación la llevaban a cabo embalsamadores con habilidades especializadas y con un gran conocimiento del cuerpo humano, y la supervisaban sacerdotes. Todo el proceso duraba unos 70 días: desde preparar y secar el cuerpo hasta tratarlo y envolverlo.

MÁSCARA DE ANUBIS

Esta máscara de chacal la usaba un sacerdote que supervisaba los rituales de momificación. Al ponerse la máscara, el sacerdote denotaba que actuaba con los poderes de Anubis, el dios del embalsamamiento.

Perfumes
Se mezclaban resinas y grasa animal o aceite vegetal.

Resina de conífera
Usada por su olor fresco y por su efecto antibacteriano para tratar la piel y las vendas.

Incensario
Se quemaba incienso para purificar el aire y ahuyentar las moscas.

Piel perfumada
La piel se masajeaba con la mezcla de perfumes.

Vino de dátiles
Se usaba para lavar el cuerpo.

PROTEGER EL CUERPO

Los egipcios creían que el alma solo podía existir en el más allá si se conservaba su cuerpo terrenal, de modo que ponían las momias en ataúdes para protegerlas. Estos solían estar decorados con símbolos y conjuros para aumentar sus poderes de protección.

ATAÚDES ENCAJADOS

A partir del Reino Medio, algunos ataúdes tenían forma humana. A las personas ricas las enterraban en dos o más ataúdes, unos dentro de otros. Estos «cuerpos» de madera y oro no se descomponían, lo que ayudaba a preservar el alma. En este conjunto de ataúdes fue enterrada una sacerdotisa tebana llamada Henutmehyt.

Ojos Udyat

Tapa exterior del ataúd
La tapa exterior de madera está pintada con dos ojos Udyat, poderosos símbolos de protección.

Tapa del ataúd interior
La flor de loto dorada en la cabeza de Henutmehyt simbolizaba el renacer en el más allá.

Tabla de la momia
Hecha de cartonaje dorado (lino estucado), esta capa se colocaba directamente sobre las envolturas de la momia.

Base interior del ataúd
El oro representaba la vida eterna y hacía que Henutmehyt pareciese una diosa, ya que se creía que los dioses tenían la piel dorada.

Base exterior del ataúd
La base muestra a Thot, Anubis y otros dioses, que iban a guiar a Henutmehyt a través del inframundo.

OSIRIS, CANTORA DE AMÓN EN IPET-SUT, SEÑORA DE LA CASA, HENUTMEHYT

INSCRIPCIÓN DEL SARCÓFAGO DE HENUTMEHYT

ESTILOS DE ATAÚDES

El estilo, la forma y los materiales evolucionaron. Los ataúdes en forma de caja se reemplazaron por ataúdes rectangulares, y luego con forma humana y con una decoración cada vez más elaborada.

Sarcófago palaciego
Entre los ataúdes de piedra, llamados sarcófagos, se encuentra este, del Reino Antiguo. Tiene forma de palacio, para así proporcionar a su real propietario un hogar adecuado en la eternidad.

La decoración imita el aspecto de las paredes del palacio de la época.

Ataúd pintado en forma de caja
Los ataúdes rectangulares de madera de este estilo, que fue popular durante el Reino Medio, estaban pintados con oraciones y conjuros en jeroglíficos.

Los ojos permiten que los muertos vean el mundo de los vivos.

La forma del halcón relaciona al rey con Horus, dios de la realeza.

Halcón de plata
Este inusual ataúd de plata, uno de los tres que se conocen procedentes del antiguo Egipto, perteneció al rey Sheshonq II, uno de los monarcas libios de Egipto.

Los pequeños ataúdes canopos contenían los órganos.

Sarcófago de Ta-miut, el gato del príncipe Tutmosis

ANIMALES DOMÉSTICOS

A veces se momificaba las mascotas para reunirse con ellas en el más allá. El hijo de Amenhotep III enterró su gato en un sarcófago de piedra. Se lo representa sentado ante un suministro eterno de comida.

Momia de gato
Se ofrecían momias de gatos a la diosa Bastet. Esta ofrenda se hizo tan popular que a veces se criaban gatos especialmente para momificarlos.

> «ESTOY ENTRE LOS IMPERECEDEROS QUE ESTÁN EN EL CIELO, SOY TA-MIUT, EL TRIUNFANTE».
>
> SARCÓFAGO DE TA-MIUT

COMIDA MOMIFICADA

Los muertos se enterraban con carne momificada lista para comer, para que sus almas se deleitaran con exquisitos alimentos en el más allá. Entre las opciones más populares estaban pierna o costilla de ternera y pato o ganso asados o en salazón.

Ganso momificado

Momia de chacal
La gente ofrecía perros o chacales momificados al dios chacal Anubis para que los ayudase a alcanzar el más allá.

LOS ANIMALES EN EL MÁS ALLÁ

Al igual que se momificaba a las personas, los antiguos egipcios a veces conservaban cuerpos de animales e incluso alimentos. Las momias estaban cuidadosamente envueltas en lino y algunas tenían máscaras o féretros.

Favores de un cocodrilo
Se creía que momificar cocodrilos como ofrenda al dios cocodrilo Sobek protegía del ataque de estos mortíferos animales del Nilo.

REGALOS DIVINOS

Era popular ofrecer animales momificados a dioses concretos a cambio de ayuda o protección. Se compraba la momia a un sacerdote, el cual se la ofrecía al dios y después la enterraba en un cementerio especial.

Falsa momia
Esta elaborada momia está hecha para parecerse a Thot, el dios ibis, pero los rayos X revelan que dentro solo hay plumas. Las momias falsas eran comunes.

Empaquetados
Algunas momias, como la de este pez, iban en cajas de madera o de metal modeladas y pintadas para parecerse al animal que contenían.

Los peces eran sagrados para las diosas Neit y Hatmehit.

TORO SAGRADO

El triángulo blanco de su frente sugiere que estaba consagrado a Apis, dios de la fertilidad. Los toros de Apis se criaban en templos y los trataban como si fueran dioses. Al morir, se momificaban.

PROCESIÓN FÚNEBRE

Esta pintura representa la procesión fúnebre de un sacerdote llamado Pairy. Cuatro hombres transportan su sarcófago hasta su tumba en trineo, mientras que otros llevan sus pertenencias, pues las necesitará en el más allá.

PLAÑIDERAS

Algunas personas pagaban a plañideras profesionales para que lloraran en su funeral y así parecer importantes. Esas mujeres lloraban, gemían y se golpeaban el pecho como si estuvieran abrumadas por el dolor.

ENTRE DOS MUNDOS

Al morir, se pasaba del mundo de los vivos al mundo de los muertos. La ceremonia funeraria aseguraba que el alma estaba preparada para vivir felizmente en el más allá.

③ El fuerte y dulce aroma del incienso devolvía al alma el sentido del olfato.

② Una jarra de libación con la forma del jeroglífico «hes», que significa «alabanza», contenía ofrendas líquidas.

① El alma necesitaba comer, por lo que se le proporcionaba pan, carne y otras ofrendas de alimentos.

CEREMONIA DE APERTURA DE LA BOCA

Al llegar a la tumba, el ataúd se ponía en posición vertical. Un sacerdote tocaba los ojos, la nariz, la boca y los oídos para despertar mágicamente los sentidos del alma y que el difunto pudiera vivir en el más allá como en la tierra.

4 La azuela era una herramienta que volvía a abrir los ojos, los oídos y la boca para que el alma pudiera ver, oír y hablar.

Le humedecían los labios con agua para restaurar la capacidad del alma para beber. 5

En la ceremonia también se utilizaba una herramienta con cabeza de serpiente para reanimar los sentidos.

CÓMO SON LAS PIRÁMIDES

La construcción de pirámides en Egipto comenzó en el Reino Antiguo y cambió de diseño con el tiempo. Los reyes querían tumbas que duraran para siempre y que reflejaran su poder como dioses vivientes. Cada monarca era considerado hijo del dios sol, Ra.

HACIA LA VERDADERA PIRÁMIDE

Los primeros reyes se enterraron en tumbas excavadas en el desierto y marcadas por un tosco montículo de arena y grava. Con el tiempo, esos montículos fueron reemplazados por estructuras más imponentes hechas de adobe y, más tarde, de piedra. Comenzaron como edificios bajos llamados mastabas (en árabe, «banco») y más tarde se convirtieron en imponentes pirámides.

Mastaba de Shepseskaf
Los primeros monumentos de piedra eran rectangulares, como escalones. Las mastabas tenían una cámara funeraria subterránea y una sala para dejar ofrendas.

Pirámide escalonada de Zoser
La primera pirámide se construyó para el rey Zoser en Saqqara hace más de 4500 años. Tenía seis escalones como mastabas, de menor tamaño a medida que se asciende.

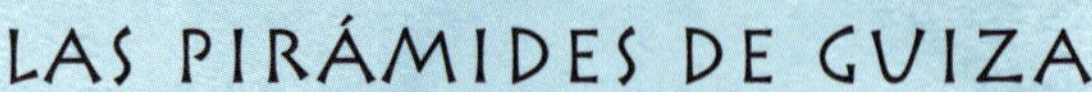

LAS PIRÁMIDES DE GUIZA

La construcción de pirámides alcanzó su apogeo en Guiza. Las tres grandes pirámides pertenecen a Keops, su hijo Kefrén y el hijo de este, Menkaura. Se construyeron de tal forma que estuvieran alineadas con las estrellas del norte, que nunca se ponen, pues los reyes creían que sus almas se unirían a esas estrellas al morir.

Se cree que las pirámides estaban coronadas por piramidiones de oro.

La pirámide de Micerino tiene 65 m de altura y en la parte inferior conserva una franja de revestimiento de granito rojo.

Es posible que las dos pirámides escalonadas se dejasen sin acabar, sin el revestimiento.

Los principales grupos de pirámides están a lo largo de un tramo de 120 kilómetros del Nilo, al borde del desierto.

VIAJE AL OESTE

Se creía que el oeste, donde el sol se ponía tras el horizonte, era el hogar de los muertos. Por eso todas las pirámides se construían al oeste del Nilo.

ESCALERAS AL CIELO

Cuando se construyeron las pirámides, el dios sol era la deidad suprema. Las pirámides unían el mundo terrenal con el cielo, y su forma recordaba los rayos del sol que atraviesan las nubes.

Pirámide de Seneferu en Meidum
La primera pirámide del rey Seneferu comenzó siendo escalonada, pero luego se rellenó para que los lados fueran lisos. Más tarde, el relleno se derrumbó en parte.

Pirámide inclinada de Seneferu
Seneferu comenzó a trabajar en una segunda pirámide de lados lisos, pero era inestable y los constructores tuvieron que modificar la pendiente para que no se derrumbara.

Pirámide roja de Seneferu en Dahshur
Tras la anterior experiencia, los arquitectos de Seneferu diseñaron una tercera pirámide. Esta vez lograron construir la primera pirámide «verdadera», con los lados lisos.

La pirámide de Kefrén mide 143,5 m. Parece más alta porque está en terreno elevado.

La pirámide de Keops mide 143,5 m, pero parece aún más alta, ya que está en un terreno más elevado.

Cada pirámide estaba revestida de piedra caliza blanca y lisa.

Se cree que las tres pequeñas pirámides son para las reinas de Micerino.

Se cree que esta pequeña pirámide fue construida para el ka (fuerza vital) de Kefrén.

SITIO DE LA CONSTRUCCIÓN

En el apogeo del período de construcción de las pirámides, el área en torno a Guiza era un hervidero de actividad constante. Los trabajadores estaban muy atareados en las canteras, en el puerto y en las pirámides.

CONSTRUCCIÓN INTELIGENTE

La construcción de las pirámides de Guiza fue una extraordinaria hazaña de ingeniería que necesitó décadas de duro trabajo. Miles de trabajadores, alojados y alimentados por el Estado, transportaron y tallaron millones de bloques de piedra para crear tumbas dignas de sus reyes.

TRANSPORTE FLUVIAL

La piedra de alta calidad necesaria para construir las pirámides se traía en barco desde otras partes de Egipto. Esto incluía la fina piedra caliza blanca del revestimiento y grandes bloques de granito para las estatuas y partes del complejo piramidal, además de basalto.

ALZADO

Se cree que cuadrillas de hombres arrastraban los enormes bloques de piedra hasta la pirámide en trineos. Se colocaban caminos de madera desde el puerto hasta la obra para facilitar el deslizamiento de los trineos, y las cuadrillas vertían agua sobre la arena para endurecerla.

LEVANTAR LA PIEDRA

La mayoría de los egiptólogos creen que los obreros subían las piedras a la pirámide mediante rampas. Existen varias teorías sobre la forma de esas rampas. Algunos piensan que lo más probable es que en Guiza las rampas rodearan la pirámide.

CIUDAD DE LOS OBREROS

Los obreros que construyeron las pirámides vivían en una ciudad cercana construida especialmente para ellos, detrás de un muro junto al cementerio real. Se les daba alimentos de buena calidad para garantizar que tuvieran energía para el trabajo.

LA GRAN PIRÁMIDE

Los arquitectos de Keops lograron construir una pirámide que era casi perfectamente cuadrada, nivelada y alineada con el norte. El interior también era único, ya que contaba con cámaras construidas a gran altura, en el núcleo, en lugar de ser subterráneas.

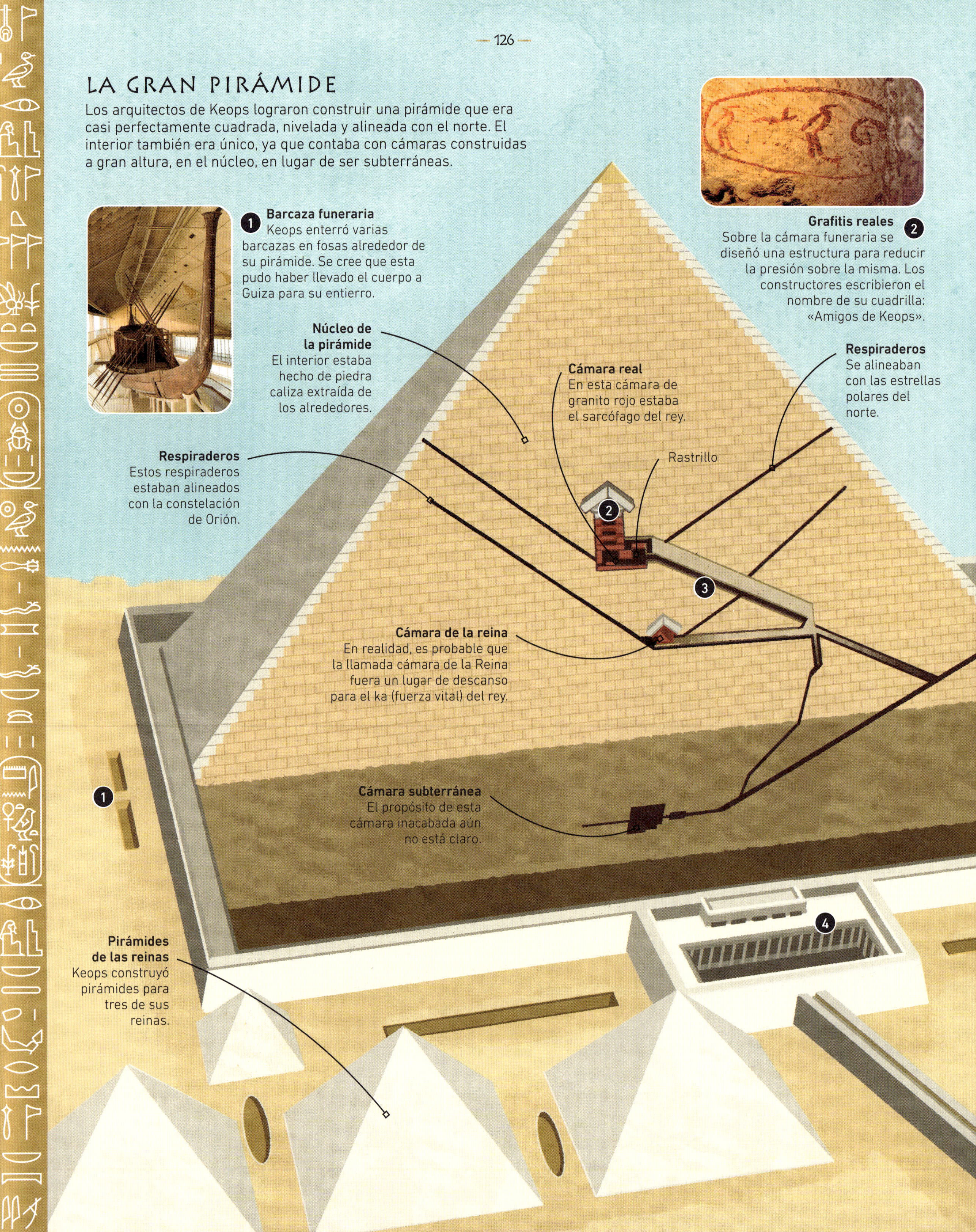

LA GRAN PIRÁMIDE

La Gran Pirámide de Guiza, con una altura de casi 147 m y compuesta de unos 2,3 millones de bloques de piedra, se construyó para albergar la tumba del rey Keops, del Reino Antiguo. Era más grande y estaba construida con mayor precisión que todas las demás pirámides.

3 La gran galería
Este majestuoso acceso a la cámara funeraria del rey mide alrededor de 47 m de largo y 9 m de alto.

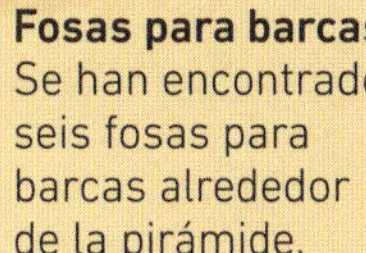

Fosas para barcas
Se han encontrado seis fosas para barcas alrededor de la pirámide.

Esta estauilla de Keops de marfil mide solo 7,6 cm.

El templo de Keops 4
Esta pequeña figura de Keops entronizado se parece probablemente a las estatuas de piedra más grandes que había en su templo, situadas en la base.

SAQUEADORES DE TUMBAS

El valioso contenido de las tumbas reales siempre estuvo en peligro debido a los codiciosos saqueadores de tumbas. Los arquitectos hicieron todo lo posible para proteger los tesoros, bloqueando y ocultando el camino a su cámara funeraria, pero no tuvieron éxito.

La entrada real quedó a la vista al retirar el revestimiento de caliza.

Esta otra abertura fue excavada por saqueadores.

Entrada oculta
La entrada original a la pirámide fue sellada con bloques de piedra caliza y cubierta por el revestimiento blanco con la esperanza de ocultarla.

Defensa final
La entrada a la cámara funeraria se bloqueaba con un rastrillo de tres losas de granito, que se dejaba caer tras sepultar al rey. Lo bajaban con cuerdas que encajaban en ranuras en la roca.

Las ranuras eran para las cuerdas que subían y bajaban las losas.

VALLES DE LOS REYES Y LAS REINAS

Los faraones del Imperio Nuevo introdujeron un nuevo tipo de tumba real. A diferencia de las pirámides, que no pasaban desapercibidas para ningún ladrón, las nuevas tumbas estaban escondidas en valles remotos, llamados los Valles de los Reyes y Reinas.

El Qurn
La forma de la montaña se parecía a las pirámides de los antiguos reyes.

Las tumbas se excavaban directamente en la piedra caliza.

PIRÁMIDE NATURAL

El lugar elegido para los cementerios reales era una montaña en forma de pirámide situada al oeste de la ciudad de Tebas, en dirección al atardecer. Allí los reyes hicieron cavar profundas tumbas en la ladera de la montaña.

CONSTRUCTORES REALES

Los faraones designaban a los mejores arquitectos y artesanos para construir y decorar sus tumbas. También construyeron una ciudad, actualmente llamada Deir el-Medina, para los trabajadores y sus familias.

Mazo
Mazo de madera para golpear el cincel.

Excavar en la roca
Por medio de cinceles, los canteros tallaban la tumba y daban forma a sus paredes, todo ello a la luz de lámparas de aceite.

Cincel
Los cinceles estaban hechos de bronce o de cobre.

Paleta
Se usaban caparazones para mezclar pigmentos.

Pintar la tumba
Una vez las paredes estaban enlucidas y bien lisas, los artistas las decoraban. Esbozaban el dibujo, agregaban color e iban añadiendo detalles.

Pinceles de fibra de palmera

Azul egipcio
Se usaban malaquita y azurita (izquierda), ricas en cobre, para hacer azul artificial.

Frita verde
Este pigmento se elaboraba con wollastonita, rica en cobre.

Blanco
El yeso y la calcita se trituraban para crear el color blanco.

Negro
El color negro se hacía con el hollín de las cocinas.

Ocre amarillo
Mineral natural que se usaba para el color de la piel femenina, especialmente la de las diosas.

Ocre rojo
Mineral natural usado para el color de la piel de los hombres.

TUMBAS PINTADAS

Era costumbre decorar las tumbas con pinturas y textos coloridos. Muchos de los pigmentos consistían en minerales naturales en polvo, pero el azul y el verde eran artificiales, lo que hacía que fueran más caros y menos comunes. Esta escena, de la tumba de Horemheb, muestra al faraón junto a las deidades Hathor, Horus e Isis.

TUMBA DE DOS RAMSÉS

Las pinturas de la tumba de Ramsés V, reutilizada por Ramsés VI, son de las más hermosas del Valle de los Reyes. Las escenas de la cámara funeraria ilustran el viaje nocturno del dios sol a través del inframundo, lo que refleja el viaje del propio faraón al más allá.

EL DESCUBRIMIENTO

En 1922, el arqueólogo británico Howard Carter, financiado por lord Carnarvon, descubrió la entrada de la tumba bajo abundantes escombros. Pronto se corrió la voz y se reunieron multitudes para ver cómo sacaban de la tumba los tesoros del faraón. La fotografía muestra cómo sacaron un sillón dorado.

Sillones dorados
Puede que estos tres sillones estuvieran destinados a transportar a Tutankamón al más allá. Este se inspira en la diosa celeste en forma de vaca, Mehet-Weret.

ANTECÁMARA

La primera cámara a la que entró Carter contenía objetos preciosos, como seis carros, tres divanes dorados con cabezas de animales y el trono dorado del faraón, que se ven en la fotografía tal como los encontró.

Las fotografías de la tumba se publicaron en el *Times* de Londres.

LA TUMBA DE TUTANKAMÓN

El descubrimiento de la tumba de Tutankamón en el Valle de los Reyes reveló como nunca antes la riqueza, las creencias y el estilo de vida de los faraones del Imperio Nuevo. Aquí se muestran las cuatro cámaras subterráneas de la tumba, con muchos de los espectaculares objetos que se encontraron en ellas.

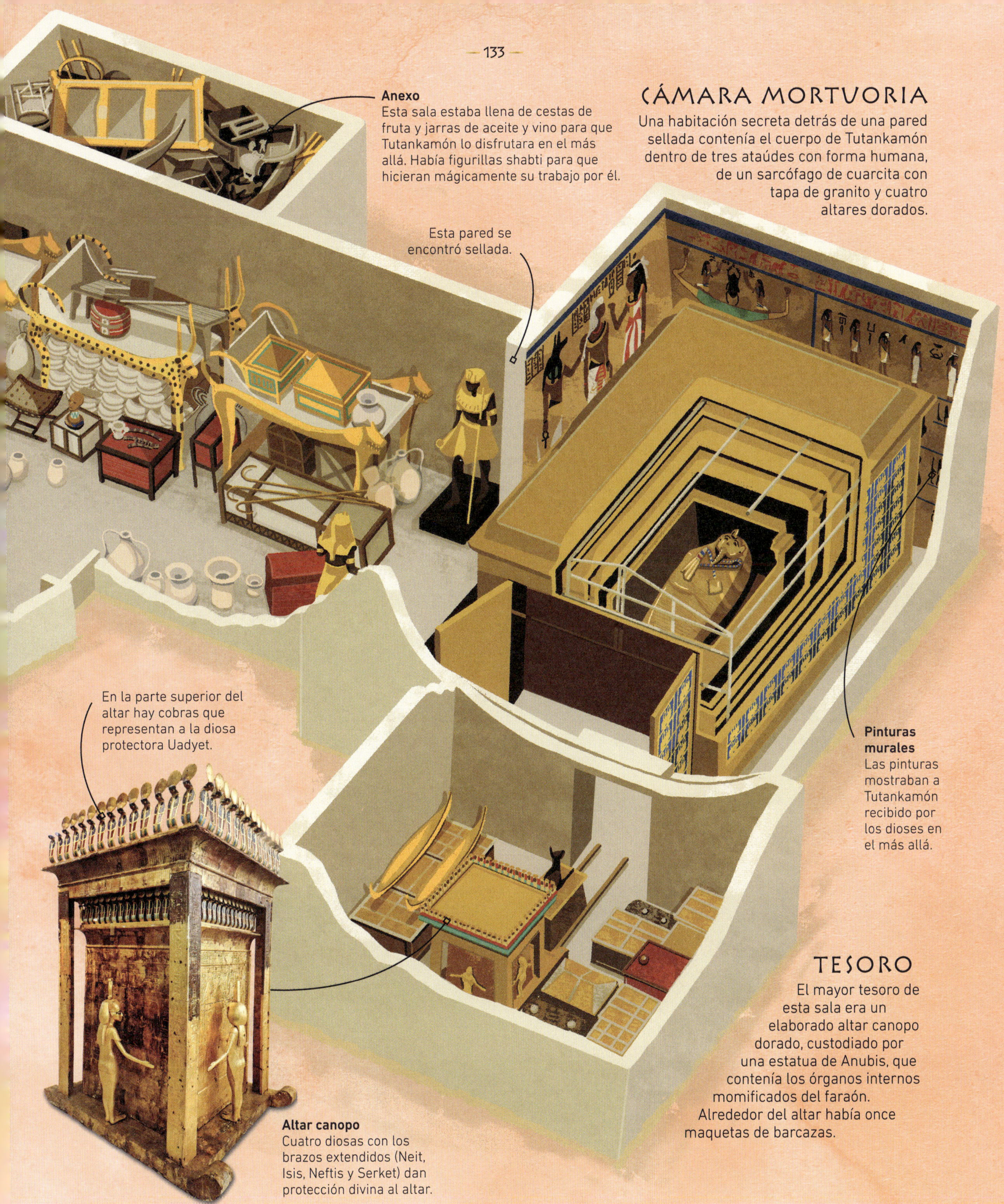

Anexo
Esta sala estaba llena de cestas de fruta y jarras de aceite y vino para que Tutankamón lo disfrutara en el más allá. Había figurillas shabti para que hicieran mágicamente su trabajo por él.

CÁMARA MORTUORIA

Una habitación secreta detrás de una pared sellada contenía el cuerpo de Tutankamón dentro de tres ataúdes con forma humana, de un sarcófago de cuarcita con tapa de granito y cuatro altares dorados.

Esta pared se encontró sellada.

En la parte superior del altar hay cobras que representan a la diosa protectora Uadyet.

Pinturas murales
Las pinturas mostraban a Tutankamón recibido por los dioses en el más allá.

TESORO

El mayor tesoro de esta sala era un elaborado altar canopo dorado, custodiado por una estatua de Anubis, que contenía los órganos internos momificados del faraón. Alrededor del altar había once maquetas de barcazas.

Altar canopo
Cuatro diosas con los brazos extendidos (Neit, Isis, Neftis y Serket) dan protección divina al altar.

EN LA TUMBA

La tumba casi intacta de Tutankamón contenía más de 5000 objetos, muchos de ellos ricamente dorados y tachonados o incrustados con piedras preciosas.

ATAÚD CANOPO

Este es uno de los cuatro ataúdes en miniatura con los órganos momificados de Tutankamón. Mide solo 39,5 cm. Las inscripciones del interior revelan que se hizo para el faraón anterior, posiblemente Nefertiti.

El diseño representa plumas protectoras.

Los nueve arcos simbolizan las naciones enemigas.

SANDALIAS

Tutankamón fue enterrado con más de 40 pares de sandalias. Este par tenía las suelas decoradas con figuras de los enemigos de Egipto, para que el rey los pisoteara.

La diosa cobra Uadyet escupe veneno a los enemigos del rey.

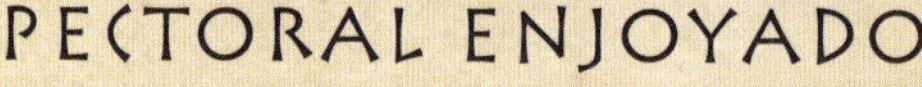

PECTORAL ENJOYADO

Representa el Ojo de Horus y las cobras protectoras de Uadyet. El escarabajo central y las flores de loto representan la resurrección y la nueva vida.

TRONO CEREMONIAL

El trono de Tutankamón, en la antecámara, está completamente cubierto de láminas de oro y decorado con plata, vidrio de colores y piedras preciosas.

Las alas de la cobra ofrecen protección.

Estos jeroglíficos indican el nombre de trono del rey.

MÁSCARA

Esta máscara protegía la cabeza momificada de Tutankamón. Está hecha de oro macizo y tiene incrustaciones de piedras semipreciosas y vidrio coloreado. Pesa más de 10 kg.

Puede verse una uña en cada funda para los dedos.

DEDOS PROTEGIDOS

En la momificación, los dedos de del rey se protegían con cubiertas de oro antes de envolver todo el cuerpo en lino.

RETRATOS DORADOS

El respaldo del trono de Tutankamón muestra a la reina Anjesenamón ungiendo a su marido con aceite perfumado bajo los rayos del disco solar de Atón. El examen del trono sugiere que antes representaba a Akenatón y Nefertiti, pero fue alterado y reutilizado para Tutankamón.

TESOROS FUNERARIOS

Cuando los ricos eran enterrados, se llevaban consigo sus posesiones más preciadas. Materiales exóticos, colores y formas simbólicos y oro brillante: todo se combinaba para hacer realidad sus sueños de vida eterna.

Cinturón del príncipe Ptahshepses

Cinturón real
Este cinturón de cuentas tiene una hebilla dorada que representa al príncipe dos veces y al dios Horus como un halcón.

Mariposas enjoyadas
Estas excepcionales pulseras de plata están decoradas con mariposas incrustadas con cornalina, lapislázuli y turquesa.

Pulseras de plata de la reina Hetepheres I

ESTILO REAL TEMPRANO

Los pocos tesoros que sobreviven de los primeros entierros reales muestran que los reyes y reinas de Egipto ya tenían gusto por el oro, además de por la turquesa, el lapislázuli y la plata extranjera.

Pulsera del entierro del rey Dyer, Abidos

Emblemas de la primera realeza
Cada eslabón de oro o turquesa tiene la forma del dios halcón Horus en lo alto de un palacio.

Figurilla de la abundancia
Esta figura de madera, hallada en la tumba del mayordomo real Meketra, lleva un pato y una canasta de carne para alimentar el alma de Meketra en el más allá.

Hipopótamo de loza incrustada de turquesa

Domar la bestia
Esta estatuilla de hipopótamo, pintada con flores de loto para representar el renacimiento, debía proteger a su dueño en el más allá.

El collar de cornalina de Myt
El rojo simboliza la vida, por lo que estas coloridas cuentas, que adornaban la momia de una joven llamada Myt, estaban destinadas a ayudarla a renacer en el más allá.

ARTESANÍA

Los ricos entierros del Reino Medio contenían a menudo detalladas maquetas de madera para su uso en el más allá, además de exquisitas joyas y amuletos, algunos de los cuales usaban amatistas de yacimientos recién descubiertos.

Prestigio violeta
Este escarabajo, inscrito para un funcionario, fue quizá regalo de un faraón.

Escarabajo de amatista

CUMBRE DEL LUJO

La riqueza de Egipto alcanzó su punto máximo en el Imperio Nuevo, cuando los ricos llenaron sus tumbas con muebles excelentes y otros lujos que deseaban usar en la eternidad.

El aroma eterno
Esta caja dorada representa al faraón dos veces entre símbolos de larga vida y protección. La piel negra es un símbolo de la nueva vida.

Caja de perfumes de la tumba de Tutankamón

Tumba noble
Tuya, la suegra de Amenhotep III, fue enterrada con este cofre de joyas con el nombre del faraón en oro.

Cofre de joyas con paneles incrustados de turquesa

LAS TUMBAS REALES DE TANIS

Después del Imperio Nuevo, los reyes del norte de Egipto se enterraban con riquezas que rivalizaban con las de Tutankamón, algunas de ellas provenientes del Valle de los Reyes y reutilizadas.

Collar de momia
Este collar de oro, de 8 kg de peso, fue uno de los que se hallaron en el cuello de la momia del rey.

El collar se compone de siete hileras de cuentas de oro.

Esta placa incrustada de cornalina, lapislázuli y feldespato verde lleva los nombres del rey.

Collar Shebyu del rey Psusennes I

Flores
Las cadenas tienen flores de loto.

Protección
El profundo azul del lapislázuli y el ojo del brazalete de Horus daban protección mágica.

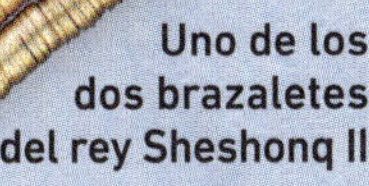

Uno de los dos brazaletes del rey Sheshonq II

Amuleto de Bastet

Diosa de cuarzo
Este delicado amuleto de oro y cuarzo indica la popularidad en esta época de Bastet, la diosa leona o gata.

Oro antiguo
Esta máscara, de la tumba de un general y sacerdote, está hecha de una gruesa lámina de oro con ojos de pasta de vidrio.

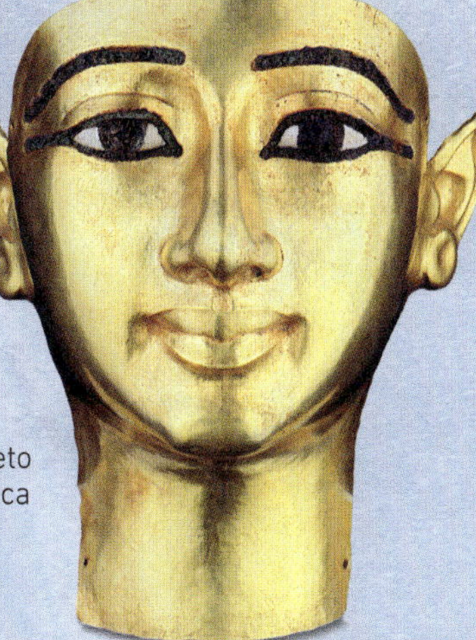

Máscara de Wendjebaendjed

AMIGOS Y ENEMIGOS

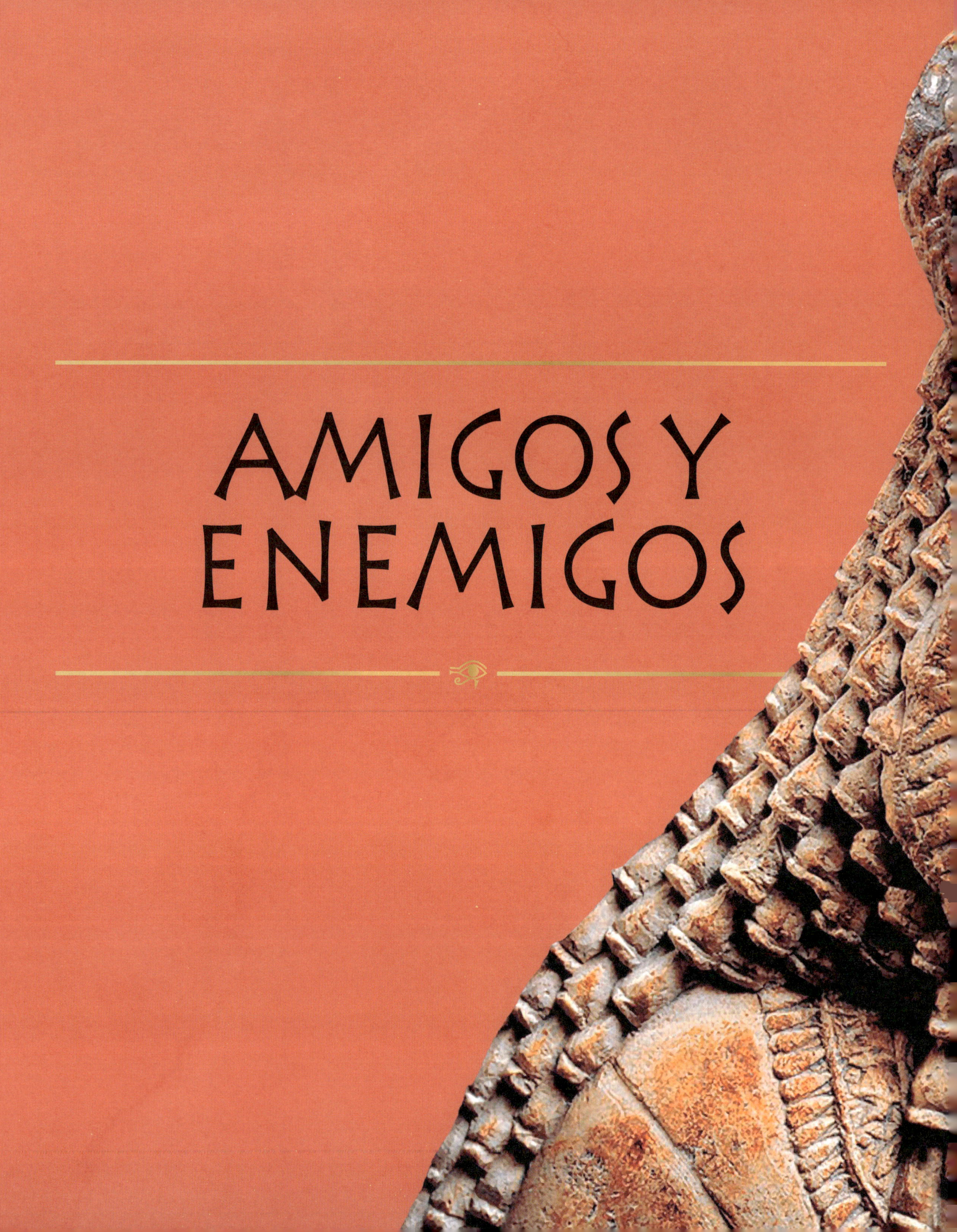

SOCIOS COMERCIALES

Egipto era rico en recursos naturales, pero muchos materiales debían importarse. Se intercambiaban minerales raros y metales preciosos del extranjero por productos egipcios como cereales, lino y papiro.

Ataúd de madera de cedro tallada de Ramsés II

3 MADERA DE CEDRO

Egipto no tenía madera. Importaba aromática madera de cedro de Biblos, en lo que hoy es el Líbano, y la utilizaba para fabricar ataúdes y mástiles para banderas en los templos. Desde Biblos también se enviaba aceite de oliva, lana y resina.

2 COBRE Y TURQUESAS

Los mineros del valle del Nilo comenzaron a desenterrar turquesas y cobre en el desierto del Sinaí en torno al año 4400 a. C. Este pequeño collar de oro está ricamente decorado con turquesas, lapislázuli y cornalina.

Triángulos de lapislázuli

Incrustación de cornalina

Cuentas de turquesa

EUROPA
Islas del Egeo
4
Mar Mediterráneo
Chipre
3
Biblos
Qadesh
Canaán
Siria
Éufrates
Tigris
Asiria
Mesopotamia
Babilonia
5
Libia
Alejandría
Menfis
Sinaí
2
Serabit el-Khadim
Arabia
Egipto
Nilo
Tebas
Hieracómpolis
ÁFRICA
Abu Simbel
Mar Rojo
Nubia
Kerma
1
Napata
Meroe
Saba'
8
Punt

1 ORO

Aunque se extraía un poco de oro en el desierto, al este, la mayor parte procedía de Nubia. A lo largo de los siglos, Egipto controló Nubia, comerció con ella y, más tarde, la conquistó en la época de los reyes kushitas, para los que se fabricó este amuleto alrededor del año 700 a. C.

Cabeza de carnero de oro

4 PLATA

La plata era un metal raro y precioso en el antiguo Egipto. Este amuleto, que muestra al dios chacal protector Anubis, está hecho de plata de las minas de las islas del Egeo. A menudo se mezclaba con oro.

El amuleto representa el altar de Anubis.

Están escritas en escritura cuneiforme babilónica sobre tablillas de arcilla.

5 CARTAS DE AMARNA

Sabemos que Egipto comerciaba y negociaba con sus vecinos de Babilonia, Asiria, Canaán y otros lugares gracias a unas cartas encontradas en Amarna. Datan del siglo XIV a. C.

6 LAPISLÁZULI

Uno de los materiales más apreciados en Egipto era el lapislázuli, una piedra semipreciosa de color azul intenso. Desde al menos el año 3300 a. C., lo importaban de las minas de Badajshán, en el lejano Afganistán,

Figura de mujer de 5000 años de antigüedad hecha de lapislázuli y hallada en Egipto

ASIA

6 Badajsán

COMERCIO LEJANO

Este mapa muestra algunos de los lugares con los que comerciaba Egipto. Se sabe poco de las rutas exactas por tierra o por mar.

olfo Pérsico

Se han hallado rastros de resina dammar en vasos canopos.

India

7 DAMMAR

Ya desde el año 4300 a. C., Egipto comerciaba con lo que hoy es Turquía para adquirir resinas para la momificación. En el año 600 a. C. se comerciaba con lugares tan lejanos como la India y el sudeste asiático, para importar resina dammar para embalsamar.

Los comerciantes también traían animales exóticos, como jirafas y monos.

Mar arábigo

7

8 MISIÓN DE HATSHEPSUT EN PUNT

En 1470 a. C., la faraona Hatshepsut impulsó una famosa expedición a la misteriosa tierra de Punt, al sur del mar Rojo. La expedición trajo árboles de mirra, de los que se extraía una rara y cara resina para hacer perfume e incienso, y para embalsamar momias.

ESCALA
0 250 km

EN GUERRA

El rey Narmer unió Egipto mediante la guerra alrededor del 3100 a. C. Luego hubo paz en el reino durante largos períodos, pero también épocas de conflictos internos y guerras en el extranjero, cuando Egipto luchaba por retener o expandir su territorio.

NUEVE ARCOS

Egipto llamaba a sus enemigos los Nueve Arcos. El nombre proviene de las armas que portaban sus rivales. En las estatuas, los faraones suelen aparecer de pie sobre un símbolo de arcos, para representar a Egipto dominando a sus enemigos.

Aplastar al enemigo
En este fragmento de estatua, los pies de Ramsés II aplastan a sus oponentes.

Aquí el rey lleva la corona roja del Bajo Egipto. En otros lugares aparece con la corona blanca del Alto Egipto.

UNIFICACIÓN

Al final del Imperio Antiguo, Egipto entró en un período de agitación que se atribuye a la debilidad de los monarcas y a las hambrunas. El rey Mentuhotep II puso fin al caos al conquistar Nubia, al sur, derrotando a los invasores del norte y uniendo Egipto una vez más.

Mentuhotep II

Tributos
Los sirios traen caballos, un oso y un elefante.

EMPERADOR DE EGIPTO

El faraón Tutmosis III, del Imperio Nuevo, quizá el líder militar más importante de Egipto, expandió el Imperio egipcio a su mayor cota. A lo largo de 17 campañas militares, extendió su dominio hacia el sur, hasta Nubia, y hacia el norte, a través del Levante hasta la actual Turquía. En esta pintura mural de la tumba de su chaty Rejmira, los enemigos derrotados traen tributos al faraón con jarrones, armas y animales.

Luchadores ceremoniales participan en rituales para celebrar las victorias de Ramsés III.

PUEBLOS DEL MAR

En la época de Ramsés III, el Imperio fue atacado. El faraón defendió Egipto y rechazó las incursiones desde Libia hacia el oeste. Derrotó en tres ocasiones a un grupo de invasores conocidos como los «pueblos del mar». Era una alianza de pueblos del Mediterráneo oriental, entre ellos de partes de Grecia y del Levante.

¿RAMSÉS EL GRANDE?

Este relieve pintado muestra a Ramsés II golpeando a sus enemigos. Mientras blande un hacha, sujeta por el cabello a tres prisioneros: un nubio, un libio y un sirio. Pese a su limitado éxito militar, Ramsés II hizo erigir por todo Egipto relieves y estatuas monumentales de sí mismo como un gran líder militar.

Armar a los egipcios
Este panel pintado de un cofre de la tumba de Tutankamón muestra al faraón egipcio en su carro atacando a los nubios con su arco al estilo hicso.

Los hicsos introdujeron nuevos arcos hechos de finas capas de madera y tendones de animales, lo que los dotaba de mayor fuerza y flexibilidad.

Los caballos y los carros no aparecían en escenas de guerra antes del gobierno de los hicsos.

Solo se afilaba el borde exterior de la hoja curva.

El borde interior se usaba para atrapar el brazo o escudo del oponente.

Apropiación de la esfinge
Los hicsos se apoderaron de muchos aspectos de la cultura egipcia e inscribieron sus nombres en artefactos como este retrato en forma de esfinge del rey Amenemhat III.

Nuevos materiales
Esta jepesh (espada hicsa parecida a una cimitarra) está hecha de bronce, que los egipcios rara vez usaron antes de la llegada de los hicsos.

LOS HICSOS

Al final del Reino Medio, colonos del Levante se trasladaron al delta del Nilo y tomaron el control del norte de Egipto, gobernando desde la ciudad de Avaris. Este pueblo, el pueblo hicso («gobernantes de tierras extranjeras»), trajo carros y nuevas armas.

REYES EXTRANJEROS

En diferentes momentos de su larga historia, Egipto estuvo ocupado y gobernado por pueblos de regiones vecinas y de imperios de ultramar, a veces durante décadas o siglos. Todos estos conquistadores dejaron su huella.

Estatua de bronce de Osorkon I con incrustaciones de jeroglíficos en oro

Rey Osorkon I
El sucesor de Sheshonq I fue su hijo, Osorkon. Esta dinastía construyó grandes templos.

LOS LIBIOS

En 945 a. C., Sheshonq, general egipcio nacido en Libia, se convirtió en faraón y conquistó ciudades de Judea e Israel. En los dos siglos siguientes, Egipto fue gobernado por libios desde las ciudades de Tanis y Bubastis, en el delta del Nilo.

Al estilo libio
Antes de la invasión, llegaron colonos libios. La pintura muestra miembros de una tribu libia, tatuados, con el cabello trenzado adornado con plumas y vestidos con pieles.

LOS KUSHITAS

El reino de Kush, en Nubia, al sur de Egipto, se independizó alrededor del año 1070 a. C. Hacia el año 700 a. C., había conquistado Egipto y adoptado su cultura. Los kushitas adoraban las deidades egipcias, e incluso adoptaron los estilos artísticos y la arquitectura de Egipto.

Influencia egipcia
Los kushitas construyeron nuevas pirámides, lo que los egipcios no habían hecho en casi mil años. Las levantaron en Nuri, cerca de Napata, capital kushita.

Busto de granito negro de Taharqo, el cuarto faraón kushita de Egipto

King Taharqa
Al igual que sus predecesores, el faraón kushita Taharqa restauró los templos y palacios de Egipto y construyó otros al estilo egipcio.

ASIRIOS Y PERSAS

Los invasores asirios comenzaron a expulsar a los kushitas de Egipto en el año 671 a. C. Esto permitió a los egipcios de Sais, en el delta del Nilo, recuperar Egipto y gobernarlo durante más de un siglo. Esta dinastía saíta terminó cuando el Imperio persa en expansión conquistó Egipto en 525 a. C.

Relieve en piedra del ejército del rey asirio Asurbanipal II atacando la ciudad egipcia de Menfis

ALEJANDRO MAGNO

En 332 a.C., el rey macedonio Alejandro Magno, de 24 años, arrebató Egipto a los persas. Cuando murió, nueve años después, uno de sus generales, llamado Ptolomeo, se convirtió en el nuevo monarca de Egipto, iniciando así una nueva dinastía conocida como los Ptolomeos.

Biblioteca de Alejandría
La biblioteca, un centro de ciencia y aprendizaje, tenía una colección de más de 500 000 pergaminos. Casi todos se perdieron en incendios y debido a las guerras en tiempos de los romanos. Este raro papiro superviviente es un poema del poeta y bibliotecario griego Calímaco.

En lo alto de la torre había una estatua de un dios griego. Quizá era Zeus, dios del cielo, o Poseidón, dios del mar.

El humo proviene del fuego señalizador de lo alto, visible para los barcos desde lejos en condiciones de oscuridad o niebla.

Una gran rampa en espiral conducía a la cima del edificio, de 100 m de altura.

EL FARO DE ALEJANDRÍA

Alejandría, fundada en 332 a.C. como puerto naval y comercial en el Mediterráneo por Alejandro Magno y nombrada en su honor, se convirtió en la capital de Egipto. Su faro era una de las Siete Maravillas del Mundo Antiguo. La luz del fuego en lo alto de su torre guiaba los barcos hacia el puerto.

LOS GRIEGOS

En el siglo IV a. C., Egipto cayó bajo el control de invasores de Macedonia, en el norte de Grecia. Gobernaron el país durante los siguientes 300 años, combinando la cultura griega con el culto a los dioses egipcios.

Faraones griegos Ptolomeo II y su reina Arsinoe II aparecen aquí con vestimenta egipcia completa.

La reina lleva el tocado de buitre de las reinas egipcias antiguas.

ÚLTIMA FARAONA

Este relieve representa seguramente a la faraona Cleopatra VII. Fue una hábil política que selló una alianza con el monarca de Roma, Julio César, quien la apoyó en una guerra contra su hermano Ptolomeo XIV. Ella y César tuvieron un hijo, llamado Cesarión. Juntos, Cleopatra y Cesarión se convirtieron en los últimos gobernantes independientes de Egipto.

LOS PTOLOMEOS

Aunque se llamaban a sí mismos faraones y adoptaron la religión egipcia, los Ptolomeos se casaban casi siempre entre ellos y mantenían muchas de sus costumbres griegas. Solían retratarse tanto en estilo egipcio como griego.

Este relieve romano de mármol representa galeras de guerra en plena batalla naval.

OCUPACIÓN ROMANA

En el 44 a. C., César fue asesinado y Roma entró en una guerra civil. Marco Antonio, compañero de César, se casó con Cleopatra y tuvieron tres hijos. Aunque estuvieron a punto de apoderarse de todo el mundo antiguo, fueron derrotados en la batalla de Accio en el 31 a. C., y al año siguiente Egipto cayó bajo control romano.

MOMIA ROMANA

Bajo dominio romano, los egipcios conservaron sus creencias y costumbres sobre la otra vida, entre ellas la momificación. Esta mortaja pintada se colocaba sobre las envolturas de lino de una momia. Representa a un hombre vestido de romano con cabello y barba de aspecto realista junto al dios egipcio Anubis.

EXCAVAR EGIPTO

REDESCUBRIR EGIPTO

Gran parte de la historia del antiguo Egipto desapareció por los saqueadores de tumbas, el desierto y el mar, hasta que los arqueólogos, principalmente europeos, comenzaron a explorar el país siglos después. Hoy, Egipto está recuperando su propia historia con la ayuda de técnicas científicas modernas.

EGIPTOMANÍA

En 1611, el inglés George Sandys fue uno de los primeros europeos que fue a Egipto y escribió lo que vio. Su libro provocó una locura por las pirámides y los obeliscos entre los terratenientes ricos. Casi 200 años después, las tropas invasoras francesas al mando de Napoleón Bonaparte viajaron allí con un ejército de arqueólogos. Sus ilustraciones, como la de la izquierda, inspiraron una nueva ola de egiptomanía.

La artista está bajo una sombrilla, contemplando el boceto de un compañero.

EGIPTOLOGÍA

En el siglo XIX, los egiptólogos desenterraron joyas, estatuas, templos y tumbas y a menudo se llevaron artefactos a museos de Europa. Este grabado de Abu Simbel se basa en un dibujo de Amelia Edwards, una mujer pionera que hizo más que nadie por establecer la egiptología en Gran Bretaña.

MÁS ALLÁ DEL COLONIALISMO

En esta fotografía de principios del siglo XX, un arqueólogo europeo blanco copia jeroglíficos en el templo de Medinet Habu, en Luxor (antigua Tebas), con ayuda de lugareños. Después de siglos de dominación extranjera, Egipto se independizó en 1952. Escenas como esta se volvieron menos comunes a medida que los egipcios tomaron más control del patrimonio de su país. Hoy, los arqueólogos extranjeros trabajan en colaboración con las autoridades y con los especialistas egipcios.

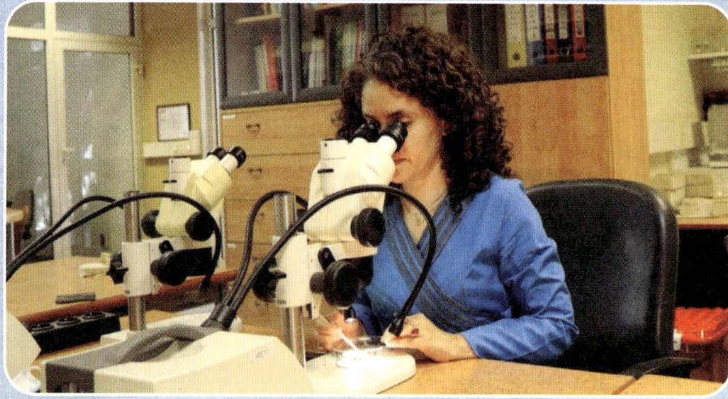

NUEVA LUZ SOBRE EGIPTO

La ciencia está ayudando a arrojar nueva luz sobre muchas áreas de la vida en el antiguo Egipto. Investigadores como Mennat-Allah El Dorry, en la foto, estudian la antigua comida egipcia con microscopio. Otros especialistas analizan fragmentos de lino del tamaño de una cabeza de alfiler para averiguar qué sustancias se utilizaban en la momificación.

UNA CIUDAD BAJO EL MAR

Un equipo de arqueólogos submarinos, en cooperación con las autoridades egipcias, ha redescubierto la ciudad perdida de Thonis-Heracleion, que se hundió en el mar cerca de Alejandría en el siglo VIII d.C. Aquí se ve una estatua del dios Osiris y una barcaza sagrada en el fondo del mar.

LA PIEDRA DE ROSETTA

Esta estela, encontrada en el delta del Nilo por los soldados de Napoleón en 1799, tiene escrito el mismo texto en tres alfabetos distintos: jeroglífico, demótico y griego. Jean-François Champollion, un maestro de escuela francés, tradujo el griego y así fue capaz de descifrar el código y leer jeroglíficos por primera vez en siglos.

Descifrar el código

El texto de la piedra es un decreto de Ptolomeo V. La clave de Champollion fue saber que la palabra «Ptolomeo» aparecería en los tres textos. Marcó todos los ejemplos en la sección griega y después buscó en los jeroglíficos los lugares donde aparecían un mismo grupo de símbolos.

1 «Ptolomeo» en jeroglífico

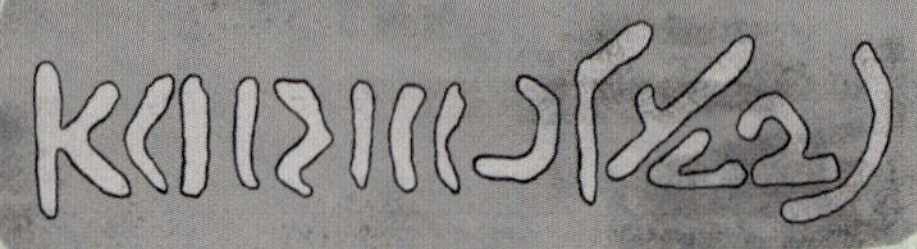

2 «Ptolomeo» en demótico

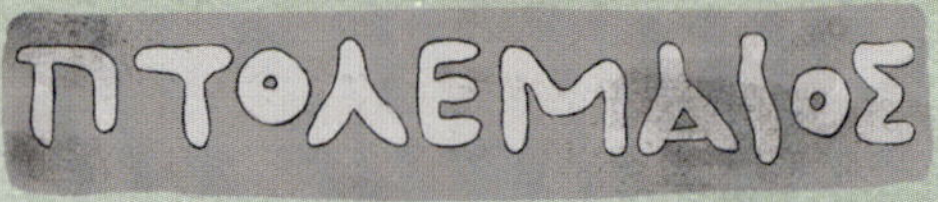

ΠΤΟΛΕΜΑΙΟΣ

3 «Ptolomeo» en griego

La estela tenía este aspecto, con imágenes del rey, la reina y los dioses en la parte superior.

RECONSTRUCCIÓN

La Piedra de Rosetta es un fragmento de una estela mayor hoy perdida, erigida en 196 a.C. en honor del nuevo faraón, Ptolomeo V. Labrada en una roca parecida al granito, se estima que medía unos 149 cm de altura.

Este cartucho dice: «Ptolomeo, vivo para siempre, amado de Ptah».

1

2

3

DESENTRAÑAR SECRETOS

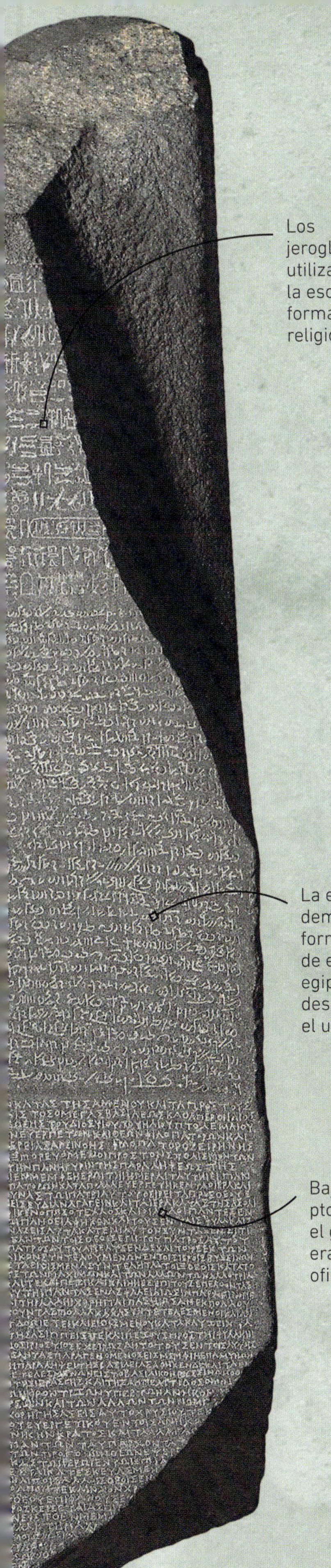

Los jeroglíficos se utilizaban para la escritura formal, real y religiosa.

La escritura demótica es una forma más simple de escritura egipcia antigua desarrollada para el uso diario.

Bajo los ptolomeos, el griego era idioma oficial.

Uno de los avances clave para comprender el antiguo Egipto fue el descubrimiento de la Piedra de Rosetta, que ayudó a descubrir los secretos del lenguaje jeroglífico. Hoy, las nuevas tecnologías ayudan a resolver más misterios aún.

UNA VOZ DEL PASADO

En 2020, los científicos empezaron a descubrir cómo sonaba la voz de los antiguos egipcios. Al escanear el cuerpo momificado de un sacerdote llamado Nesyamun, en un proceso similar al que se muestra a la derecha, recrearon su laringe utilizando una impresora 3D. El sonido inicial se asemeja al balido de una oveja, pero el avance de la tecnología pronto permitirá sonidos más complejos.

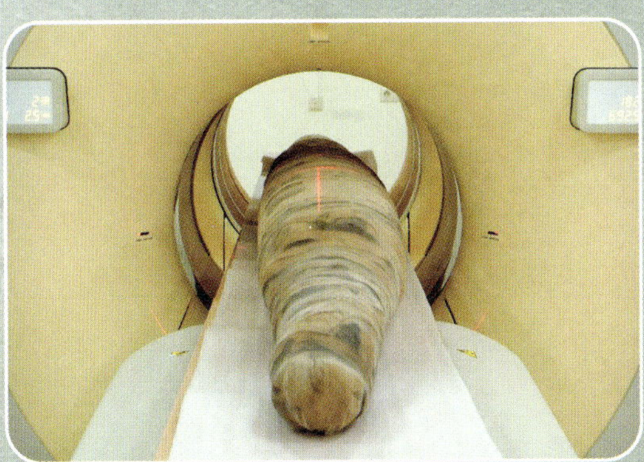

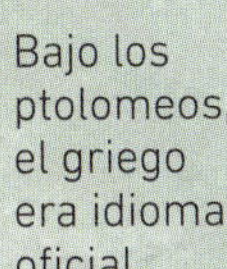

SECRETOS MATERIALES

Los misterios históricos pueden resolverse con pequeños fragmentos de evidencia. En 2014, el químico arqueológico Stephen Buckley, tras analizar restos de lino antiguo conservado en el Museo Bolton, en Reino Unido, vio que los antiguos egipcios empezaron a practicar la momificación hacia el año 4300 a.C. (unos 1700 años antes de lo que se pensaba).

Restos de envoltorios de lino para momias de un lugar de entierro en Mostaggedda, en el Alto Egipto

PIOJOSA EVIDENCIA

Aunque los tiempos cambian, algunos problemas humanos siguen siendo los mismos. Esta imagen de un cabello egipcio de 5000 años de antigüedad por microscopio electrónico de barrido revela piojos, lo que confirma lo que evidenciaban los peines para liendres, las navajas y las pelucas halladas: que los antiguos egipcios no solo se preocupaban por su apariencia, sino que el aseo era esencial.

GLOSARIO

AMULETO
Pequeño objeto que se creía que protegía de las fuerzas del mal, las enfermedades o los peligros.

ANJ
Antiguo símbolo egipcio que significa «vida», formado por una cruz con un lazo en la parte superior.

ARQUEOLOGÍA
El estudio de objetos y restos dejados por pueblos del pasado con el fin de revelar su historia.

ARTEFACTO
Objeto hecho por alguien, como un jarrón decorativo, una vasija o una herramienta.

ATEF
Una corona Hedjet con plumas a cada lado, usada por el dios Osiris y, en ocasiones, por los reyes, como aparece en el arte egipcio antiguo.

ATÓN
Disco que representa el sol. El faraón Akenatón convirtió a Atón en la principal deidad de Egipto durante su reinado.

BA
En la antigua religión egipcia, el ba era parte del alma de una persona, junto con el ka. Contenía su espíritu y su personalidad.

BARCAZA
Barca sagrada utilizada para transportar dioses o momias, y que representaba la barca en la que viajaba el dios sol por el cielo.

CAPITEL
Elemento situado en la parte superior de una columna que sostiene la estructura que descansa sobre ella.

CARTONAJE
Capas enyesadas de papiro o de lino que se moldeaban para crear paneles, máscaras o ataúdes y proteger los cuerpos momificados.

CARTUCHO
Forma ovalada donde se escriben los nombres oficiales, en jeroglíficos, de un rey o dios del antiguo Egipto.

CETRO UAS
En el antiguo Egipto, vara con un extremo bifurcado portada por dioses y reyes como símbolo de poder y autoridad.

CHATY
El funcionario más importante del antiguo Egipto después del rey, responsable de gestionar los asuntos diarios del gobierno de Egipto.

COMERCIO
Comprar, vender o intercambiar bienes o servicios entre personas o países.

COMPUERTA
Barrera corredera para controlar el flujo de agua dentro o fuera de un río o canal.

DEBEN
Unidad de peso estándar en el antiguo Egipto, utilizada para determinar el valor del metal, el grano y otros bienes.

DELTA DEL NILO
Área triangular de tierra en el norte de Egipto, donde el río Nilo se divide en varios brazos más pequeños que desembocan en el mar Mediterráneo.

DESHRET
Significa «tierra roja» y se refería a la tierra tórrida y seca a ambos lados de la franja de tierra negra fértil del río Nilo. También era el nombre de la corona roja que llevaban los reyes del Bajo Egipto.

DIADEMA
Pequeña corona hecha de materiales preciosos y usada como emblema de la realeza.

EMBALSAMADOR
Persona especializada en el arte de la momificación.

ESCARABAJO PELOTERO
Escarabajo que, en el antiguo Egipto, se consideraba sagrado y se asociaba con el amanecer y el renacimiento en el más allá.

ESCRIBA
Antes de que se inventara la imprenta, persona cuyo trabajo era escribir y hacer copias de documentos oficiales.

ESFINGE
Estatua con cuerpo de león y cabeza de ser humano, de carnero o de otro animal.

ESTANDARTE
Bandera portada como emblema de una persona o grupo, por ejemplo en una procesión real o por un ejército que va a la batalla.

ESTATUA RITUAL
Estatua de un dios alojada en un templo como centro de adoración del lugar.

ESTELA
Monumento de piedra erguido, a menudo tallado con una inscripción. Las estelas se erigían para honrar a personas o dioses, o para marcar una tumba.

HEB SED
Un festival de jubileo celebrado por los antiguos reyes egipcios, generalmente después de 30 años de gobierno.

HEDJET
Corona blanca usada por los gobernantes del Alto Egipto.

HICSOS
Pueblo originario del Levante que gobernó el norte de Egipto entre el Reino Medio y el Imperio Nuevo.

HIERÁTICO
Escritura egipcia antigua basada en jeroglíficos, pero más sencilla.

IMPERIO
Grupo de tierras o pueblos bajo el gobierno de un solo gobierno o persona.

IMPORTAR
Comprar bienes y servicios de otros países.

INCENSARIO
Contenedor para quemar incienso.

INCIENSO
Sustancia quemada para producir un olor dulce, particularmente en lugares sagrados.

INFRAMUNDO
En la antigua religión egipcia, lugar peligroso entre el mundo de los vivos y el mundo de los muertos, a través del cual el espíritu de una persona muerta tenía que viajar para llegar al más allá.

INSCRIPCIÓN
Escritura grabada en piedra o metal.

JEPRESH
Corona azul usada por los reyes egipcios en la batalla y durante los rituales.

JEROGLÍFICOS
Sistema de escritura del antiguo Egipto en el que las imágenes representaban sonidos, objetos e ideas.

KA
En la antigua religión egipcia, el ka era parte del alma de una persona, junto con el ba. Contenía la fuerza vital.

KEMET
El nombre con el que los antiguos egipcios llamaban a Egipto. Significa «tierra negra», en referencia a la tierra negra depositada por la inundación del Nilo.

KOHL
Maquillaje negro para proteger los ojos.

LEVANTE
La región que bordea la costa este del mar Mediterráneo.

LIBRO DE LOS MUERTOS
Colección de conjuros mágicos escritos en papiro. Se enterraba con los muertos y tenía la función de guiarlos de manera segura a través del inframundo hasta el más allá.

LOZA
Tipo de cerámica vidriada elaborada con cuarzo molido y otros materiales. Se utilizaba para fabricar objetos pequeños y de colores brillantes, como cuentas y amuletos.

MAAT
En la religión del antiguo Egipto, la idea del orden divino, que mantenía el universo en equilibrio. La diosa Maat era la personificación de la armonía, la justicia, la verdad y el orden.

MÁS ALLÁ
La vida que los antiguos egipcios creían que comenzaría después de la muerte.

MAYAL
Vara con tres hilos de cuentas unidos a la parte superior, símbolo del poder real.

MAYORDOMO
En el antiguo Egipto, funcionario contratado por el rey para supervisar la administración de las propiedades de la casa real.

MOMIFICACIÓN
El proceso de preservar un cadáver para evitar que se descomponga, creando así una momia. La momificación también puede ocurrir naturalmente si los cuerpos están expuestos a ciertas condiciones, como ambientes cálidos y secos.

NEJBET
La diosa con cabeza de buitre del Alto Egipto. Como Uadyet, era uno de los principales protectores del rey.

NEMES
Tocado de lino con distintivos pliegues en forma de rayas que solo podían usar los antiguos reyes egipcios.

NOBLE
Miembro de la nobleza o aristocracia, con más derechos y privilegios que agricultores, comerciantes o artesanos.

OBELISCO
Alta columna de piedra con lados cuadrados y ahusados, y que termina en una punta en forma de pirámide. En el antiguo Egipto, se erigían frente a los templos en honor al dios sol.

OFRENDA
Algo que se ofrece a los dioses como acto de adoración. En el antiguo Egipto también se dejaban ofrendas a los muertos para alimentar sus almas en el más allá.

ÓSTRACO
Fragmento de cerámica o piedra usado como superficie informal para escribir o dibujar.

PALETA
Pieza plana de madera o de marfil usada por los escribas para guardar plumas y mezclar tintas. También piedra en la que se molían y mezclaban minerales como la malaquita para usarlos como maquillaje.

PAPIRO
Planta alta (*Cyperus papyrus*) que crece en el agua y es común en el río Nilo. Podía usarse para fabricar papel, barcos, cestas, sandalias y cuerdas.

PECTORAL
En el antiguo Egipto, joya que se llevaba sobre el pecho unida a un collar.

PIGMENTO
Sustancia que le da a algo un color particular.

PILAR DYED
Antiguo símbolo asociado con la estabilidad, la permanencia y la regeneración. Representa la columna vertebral del dios Osiris.

PIRAMIDIÓN
Pequeña pirámide que forma la punta de una pirámide u obelisco.

PLACENTA
Órgano del cuerpo que, cuando una mujer está embarazada, alimenta al bebé dentro del útero.

PLAÑIDERA
Personas contratadas para llorar en los funerales.

RASTRILLO
En las pirámides del antiguo Egipto, barrera colocada frente a la entrada de una cámara funeraria, diseñada para mantener alejados a los intrusos.

REINO ANTIGUO
El primer período principal de la historia del antiguo Egipto, *c.* 2686-2181 a.C.

REINO MEDIO
El segundo período principal de la historia del antiguo Egipto, *c.* 1985-1650 a.C.

REINO NUEVO
Tercer período principal de la historia del antiguo Egipto, *c.* 1550-1069 a.C.

RELIEVE
Estilo de tallado en piedra en el que las formas sobresalen de la superficie plana (relieve elevado) o están talladas en la superficie (relieve hundido).

RESINA
Sustancia pegajosa producida por algunos árboles, por ejemplo la resina de ciertas coníferas.

ROPA DE GALA
Ropas y objetos tradicionales que una persona usa o porta como emblemas de su función oficial, por ejemplo, su función de rey.

SACERDOTE LECTOR
Sacerdote del antiguo Egipto responsable de escribir y leer en voz alta textos sagrados.

SACERDOTE SEM
Sacerdote de alto rango responsable de supervisar la momificación y los ritos funerarios.

SAGRADO
Dotado de significado religioso, posiblemente relacionado con un dios o diosa.

SARCÓFAGO
Ataúd de piedra.

SEJEMTY
Corona doble que combina la corona blanca del Alto Egipto (Hedjet) y la corona roja del Bajo Egipto (Deshret), usada por los reyes para mostrar su gobierno tanto en el Alto como en el Bajo Egipto.

SHABTI
Estatua en forma de momia que se enterraba con los muertos y que debía cobrar vida mágicamente en el más allá para hacer el trabajo de los muertos por ellos.

SISTRO
Instrumento metálico, parecido a un cascabel, que tocaban las sacerdotisas en el antiguo Egipto.

UADYET
Diosa de cabeza de cobra del Bajo Egipto. Junto con Nejbet, uno de los dos principales protectores del rey.

UREO
Cobra protectora que generalmente se ponía sobre la frente de un rey egipcio y que representa a la diosa Uadyet.

ÍNDICE

En **negrita** se indican las entradas principales.

M

N

O

P

R

S

T

V

W, Z